Bernd Kestler

RECHTE MASCHE, LINKE MASCHE

Japanische Tücher und Schals stricken

BERND KESTLER

Rechte Masche
LINKE MASCHE

Japanische Tücher und Schals stricken

stiebner

Inhalt

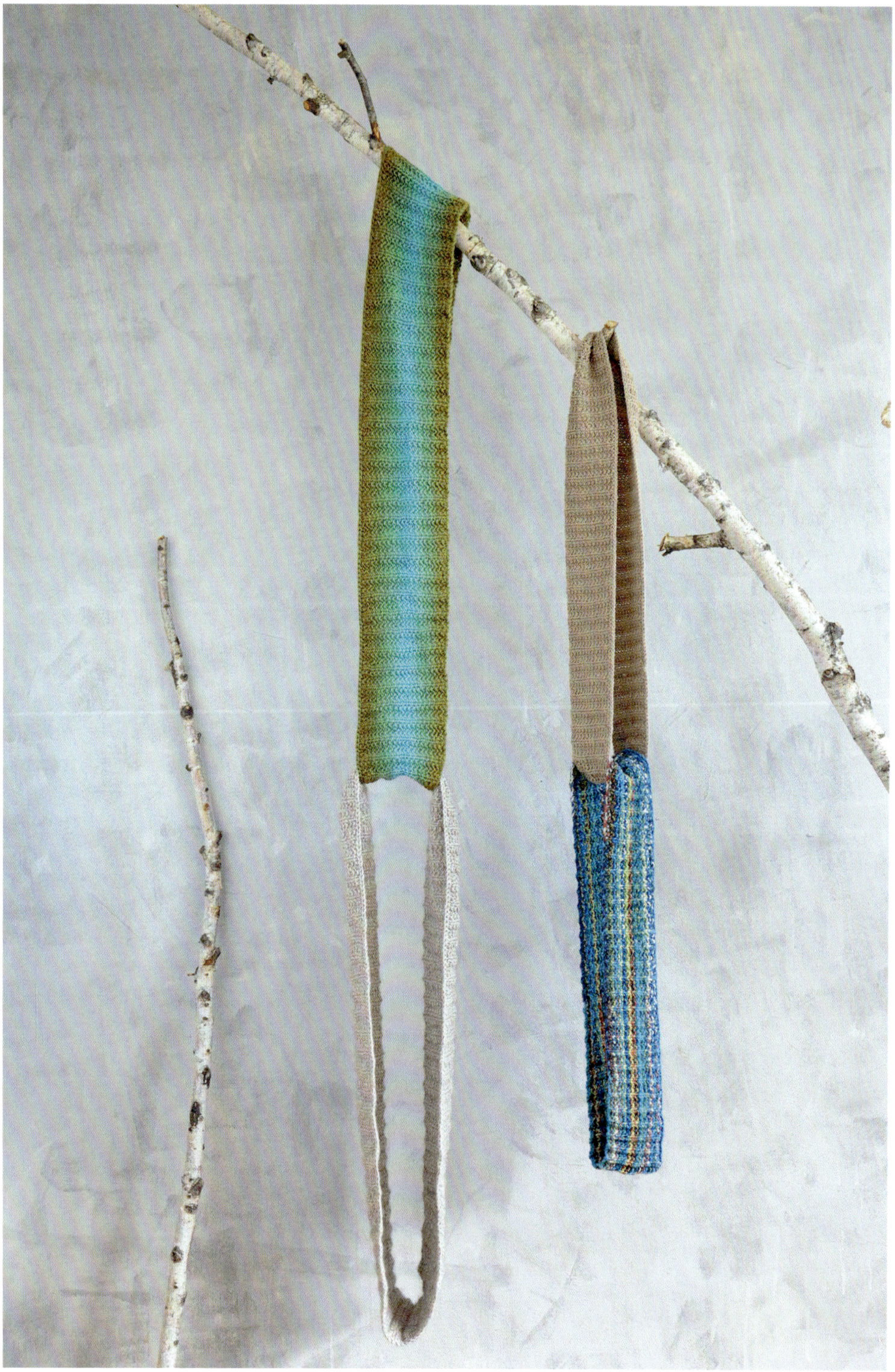

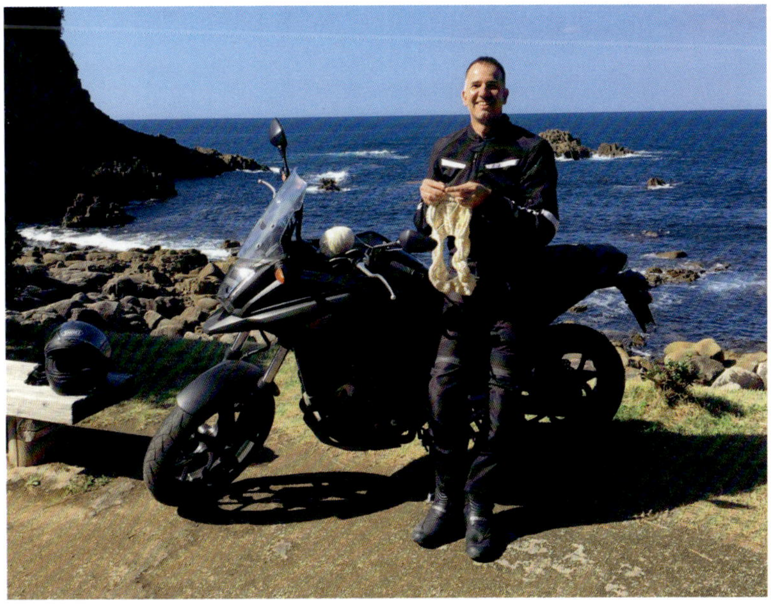

Über den Autor

Bernd Kestler strickt, seit er zehn Jahre alt ist. Selbst auf seinen geliebten Motorradtouren hat er immer ein Strickprojekt dabei. Seit 1998 lebt und arbeitet er in Japan.

Dort schreibt er nicht nur Bücher, sondern gibt auch Strickkurse, entwirft Strickmuster und tritt im japanischen Fernsehen und Radio auf. Mittlerweile hat er Bekanntheit als „Strick-Sensei" erlangt. Nachdem er schon zahlreiche Bücher auf Japanisch geschrieben hat, ist dies sein erstes Buch, das zuerst in Deutschland erscheint.

Bernds Motto lautet: Stricken muss nicht schwer sein, damit das Ergebnis spannend und außergewöhnlich aussieht. Das sieht man auch an seinen Designs für Tücher, Mützen, Schals, Loops und Ponchos.

Inspiration zu diesem Buch

Auf die Idee zu diesem Buch kam ich bei einem Gespräch mit dem Lektor eines Verlages. Dieser sagte mir, dass man umso mehr Seiten im Erklärungsteil eines Buchs benötige, je mehr Stricktechniken in einem Projekt verwendet würden. Das brachte mich zum Nachdenken: Wenn ich Strickstücke entwerfen würde, bei denen man nur rechte und linke Maschen stricken muss, dann bräuchte man nur einen ganz kurzen Technikteil in einem Buch. Dafür hätte man dann reichlich Platz für weitere Projekte gewonnen. Wie man sieht, hat das tatsächlich funktioniert.

Ich höre immer wieder, dass meine Stücke auf den ersten Blick sehr kompliziert aussehen, aber beim Stricken selbst merkt man, wie einfach sie eigentlich sind. Genau das ist es, was mich am Stricken fasziniert. Ich möchte, dass auch Anfänger tolle und interessante Stücke sofort stricken können und dadurch motiviert sind weiterzumachen. Denn genau das wiederum motiviert mich, weiter Strickdesigns zu entwerfen.

Alle Projekte in diesem Buch werden nur mit rechten und linken Maschen gestrickt. Es gibt keine Zunahmen oder Abnahmen. Man muss einfach nur Maschen anschlagen und schon kann es losgehen!

Viel Spaß beim Nachstricken!

Bernd Kestler

BK DESIGN

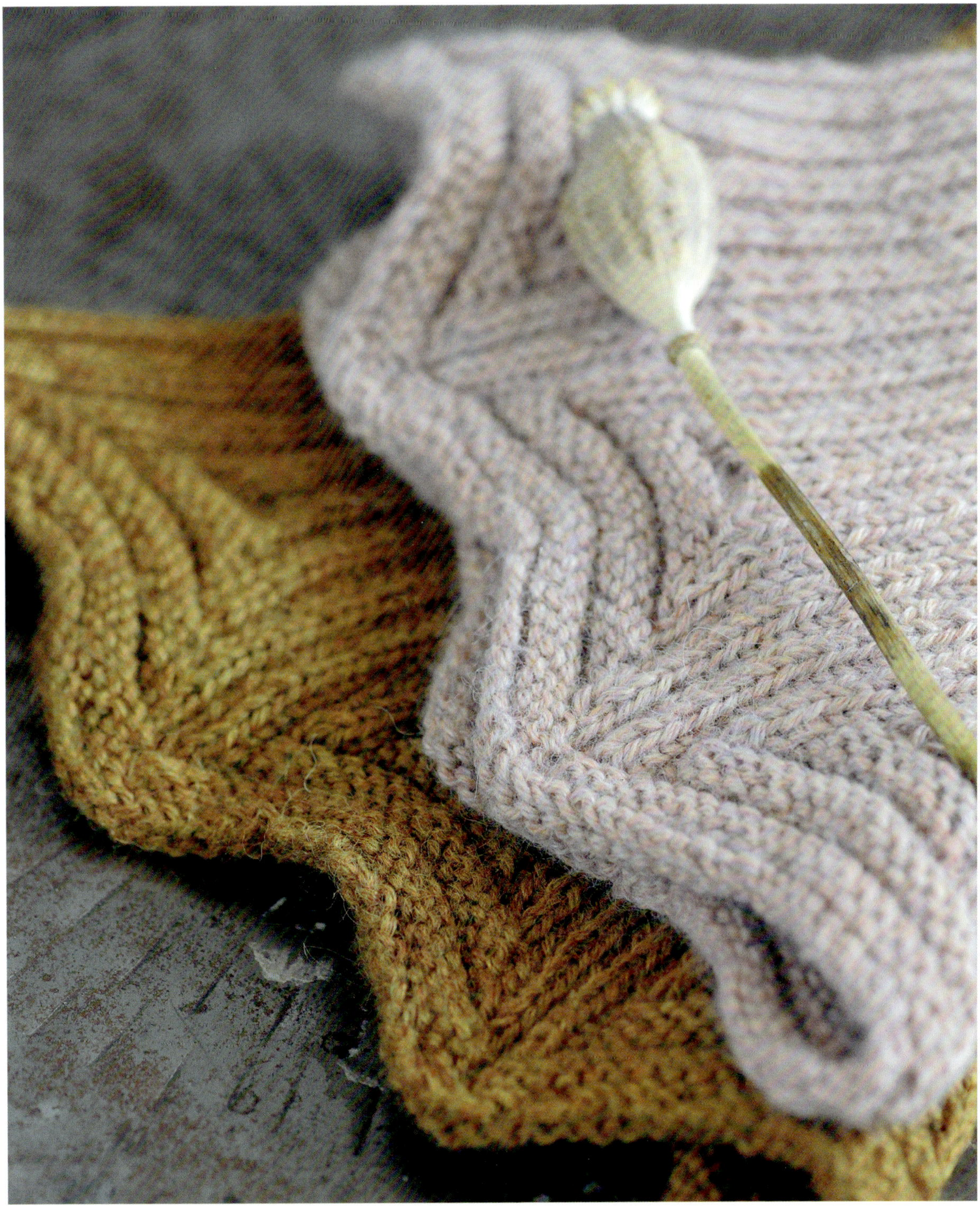

Stricktechniken

Für die Projekte in diesem Buch muss man nicht viele verschiedene Stricktechniken beherrschen. Das Wichtigste ist, dass man rechte und linke Maschen stricken kann. Außerdem muss man noch Maschen anschlagen und abketten können. Auf den nächsten Seiten findet ihr alle wichtigen Grundtechniken, die ich bei meinen Designs verwendet habe.

Kreuzanschlag

1. Den Faden wie auf dem Bild um Daumen und Zeigefinger schlingen und die Stricknadel in Pfeilrichtung hindurchführen.
2. Den Faden am Zeigefinger mit der Nadel durch die Schlinge am Daumen holen.
3. Den Faden vom Daumen gleiten lassen.
4. Den Fadenanfang um den Daumen legen und festziehen.
5. Mit dem rechten Zeigefinger die Masche auf der Nadel festhalten und den Faden vom Daumen holen.
6. Den Faden vom Zeigefinger durch die Daumenschlinge holen.
7. Den Faden vom Daumen gleiten lassen.
8. Den Faden um den Daumen legen und festziehen. Die Schritte 5.–8. stets wiederholen.
9. Anschlagmaschenreihe (10 Maschen angeschlagen).

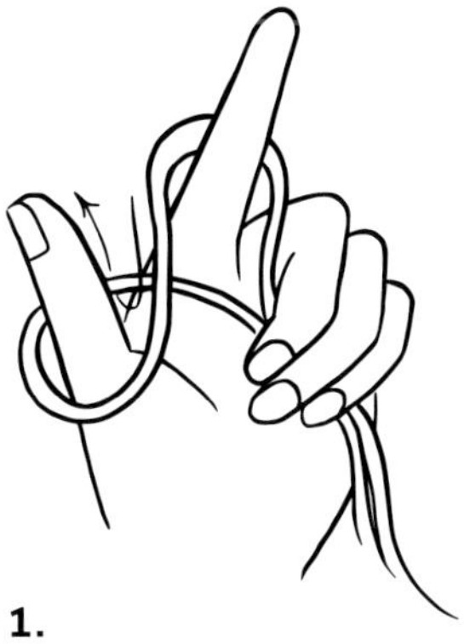

1.

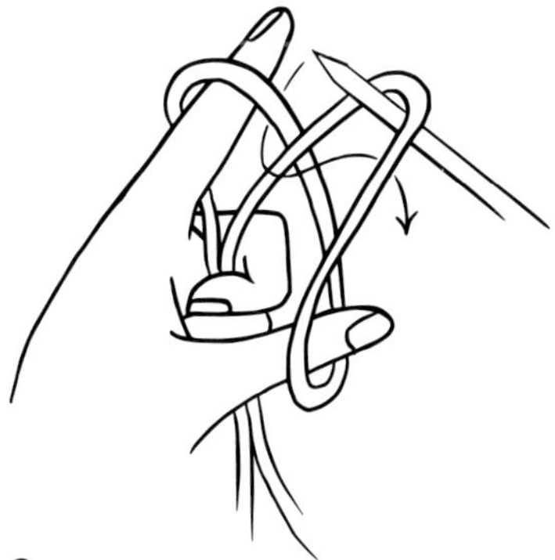

2.

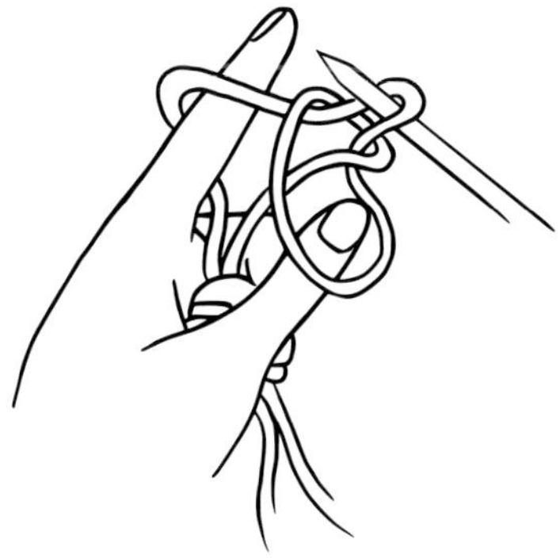

3.

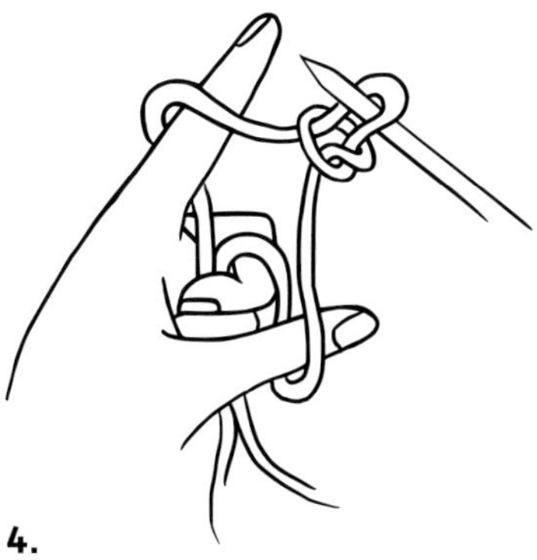

4.

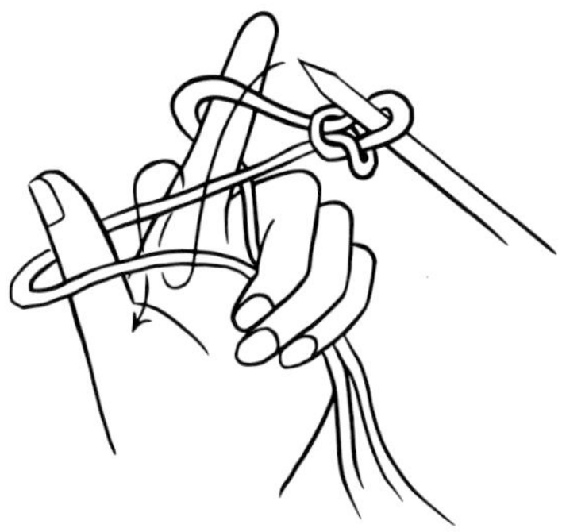

5.

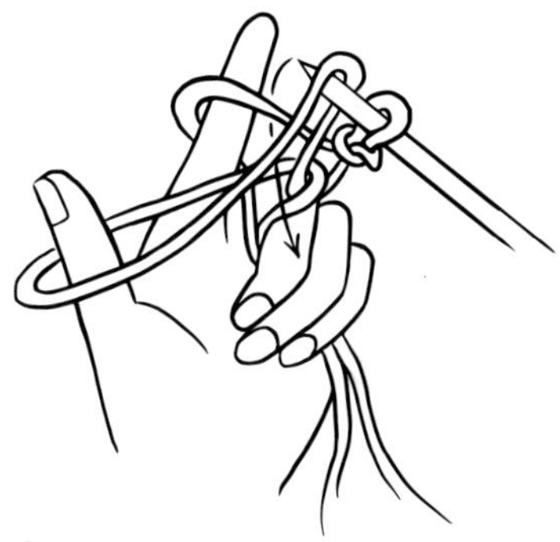

6.

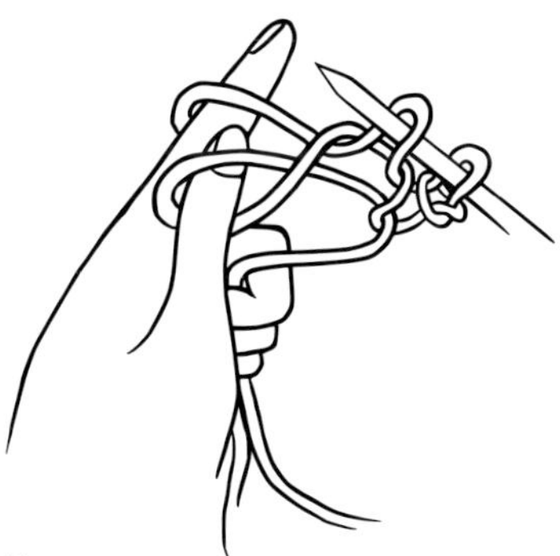

7.

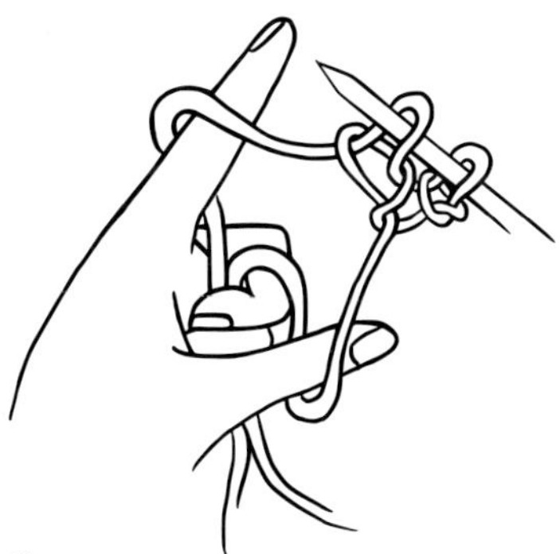

8.

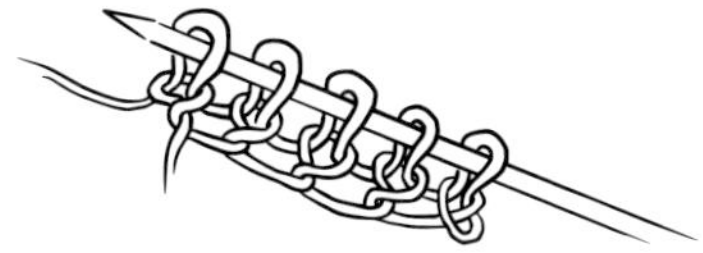

9.

Rechte Maschen stricken

1. Den Faden hinter die Arbeit legen. Mit der rechten Nadel von vorne nach hinten in die erste Masche auf der linken Nadel stechen.
2. Den Arbeitsfaden um die rechte Nadel legen und nach vorne ziehen.
3. Die rechte Masche erscheint unter der neuen Masche, die nun auf der rechten Nadel liegt.

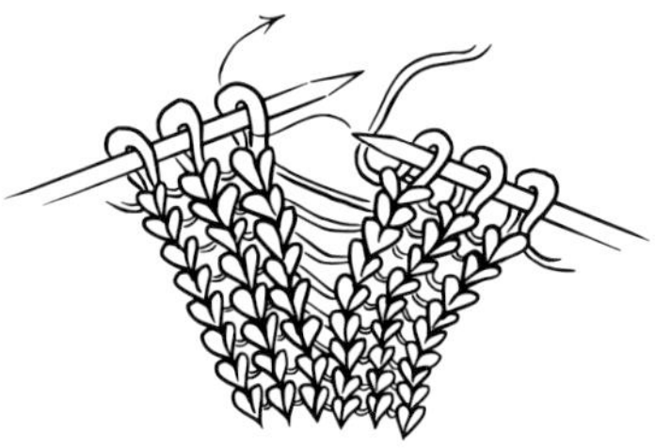

1.

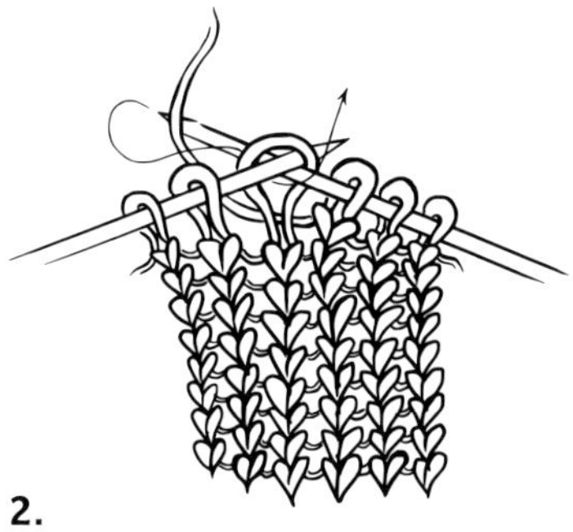

2.

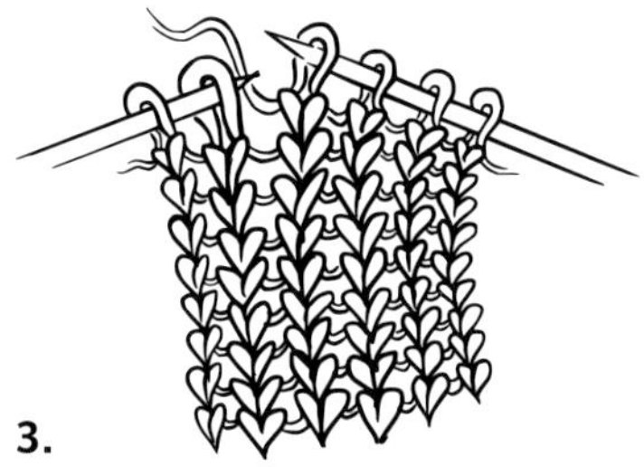

3.

Linke Maschen stricken

1. Den Faden vor die Arbeit legen und mit der rechten Nadel von hinten nach vorne durch die erste Masche auf der linken Nadel stechen.
2. Den Arbeitsfaden um die rechte Nadel legen und von vorne nach hinten durch die Masche ziehen.
3. Die linke Masche erscheint unter der neuen Masche, die nun auf der rechten Nadel liegt.

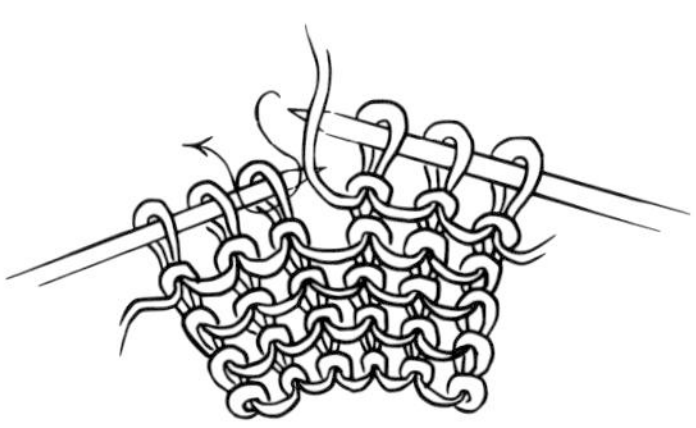

1.

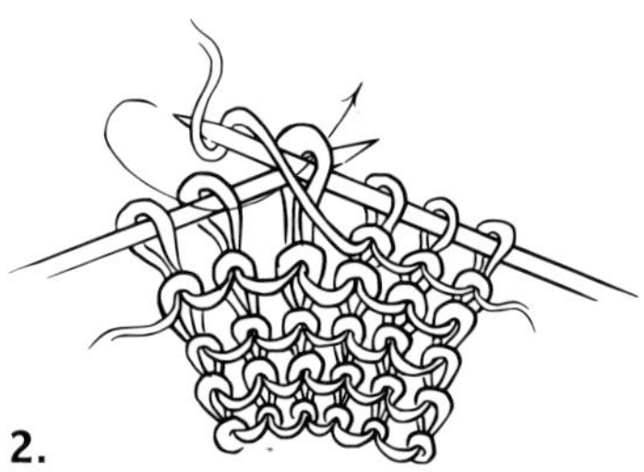

2.

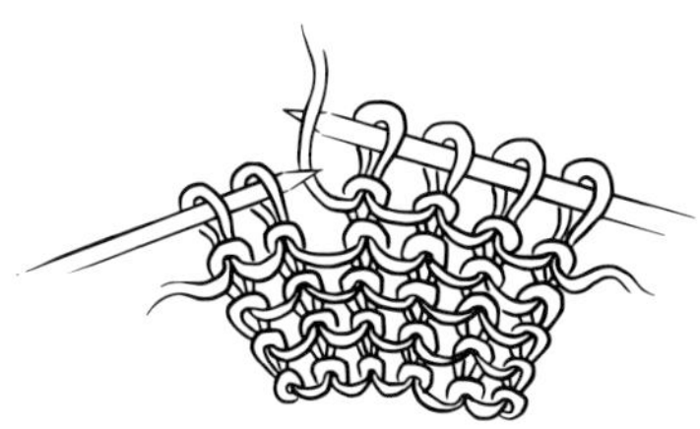

3.

Klassisches Abketten

1. Zwei rechte Maschen stricken. Jetzt liegen zwei neue Maschen auf der rechten Nadel.
2. Mit der linken Nadel durch die erste Masche auf der rechten Nadel stechen und diese über die zweite Masche heben und von der Nadel gleiten lassen. Es wurde eine Masche abgekettet.
3. Eine neue rechte Masche stricken und die Schritte 2. -3. wiederholen, bis nur noch eine Masche übrig bleibt.
4. Zum Beenden eines Strickstückes den Faden abschneiden (nicht zu kurz) und durch die letzte Masche auf der rechten Nadel ziehen.

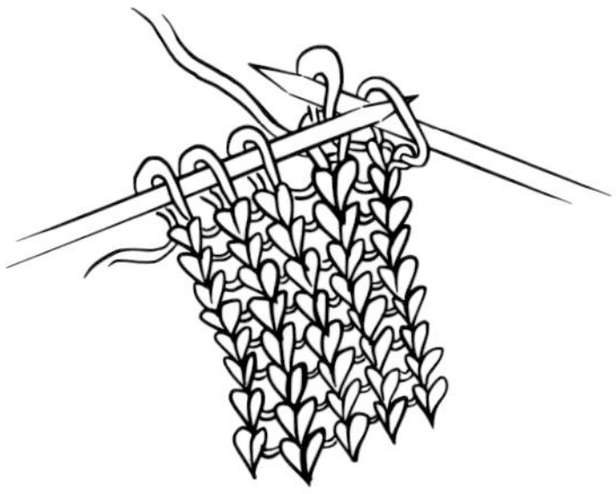

1.

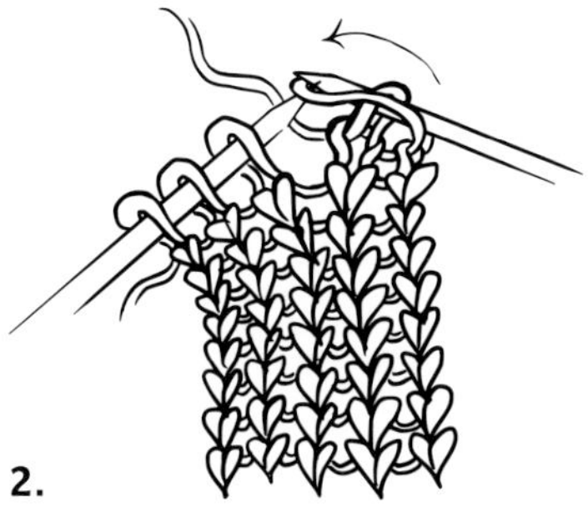

2.

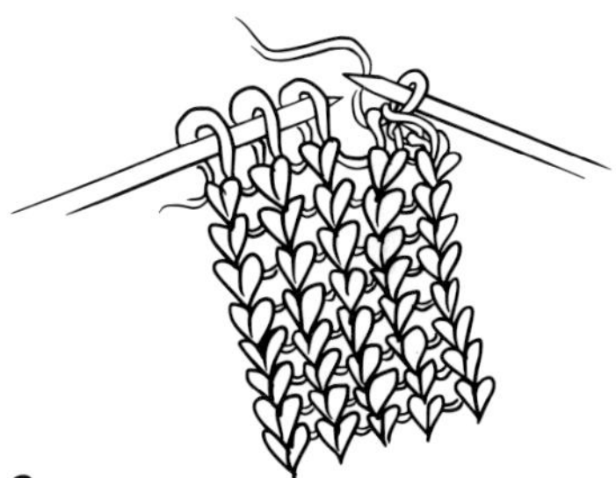

3.

Elastisches Abketten

1. Zwei rechte Maschen stricken.
2. Die beiden Maschen wie zum Linksstricken zurück auf die linke Nadel legen.
3. Nun diese beiden Maschen rechts verschränkt zusammenstricken. Dazu sticht man in die hinteren Maschenglieder ein .
4. Die neu entstandene Masche von der rechten Nadel zurück auf die linke legen.
5. Nun die Schritte 3. - 4. wiederholen, bis nur noch zwei Maschen übrig sind. Die beiden letzten Maschen wie in Schritt 3. rechts zusammenstricken. Den Faden abschneiden und durch die letzte Schlaufe ziehen.

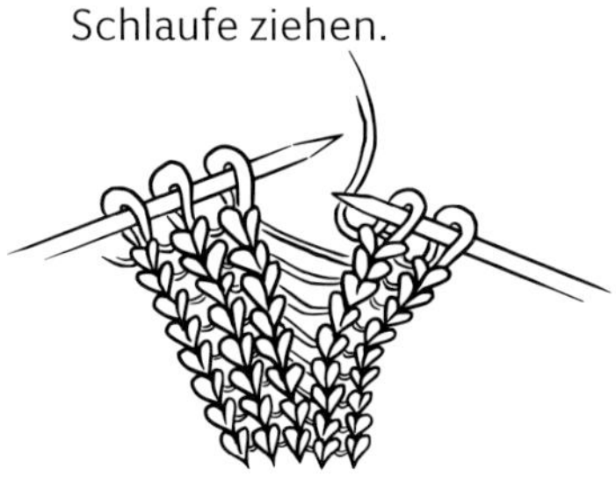

1.

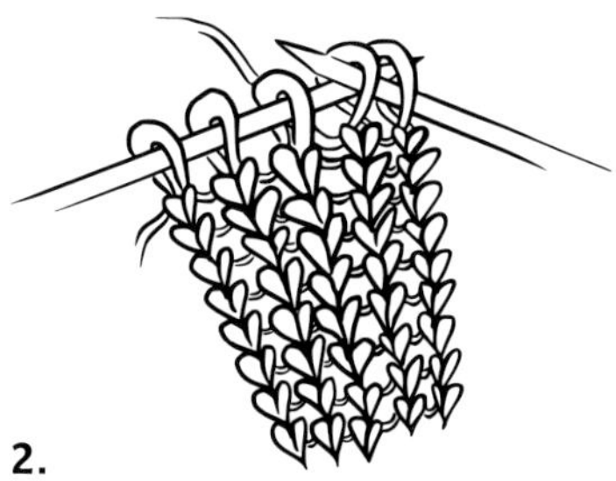

2.

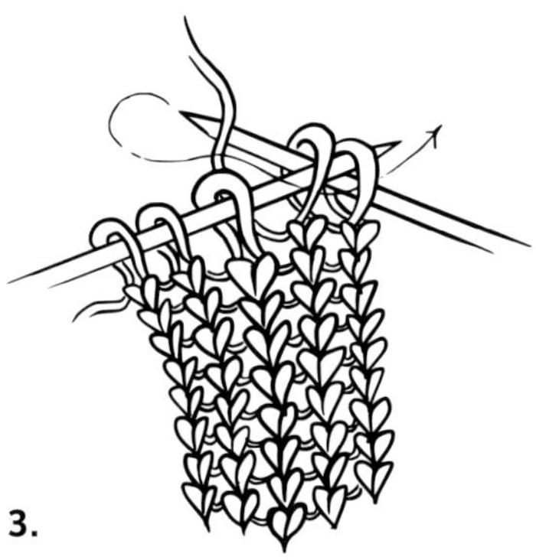

3.

Maschen aufstricken

1. Mit der rechten Nadel zwischen die zwei ersten Maschen auf der linken Nadel stechen.
2. Den Arbeitsfaden wie zum rechts Stricken durchziehen.
3. Die neue Schlaufe wieder zurück auf die linke Nadel legen.
4. Die Schritte 1. - 3. wiederholen, bis die gewünschte Maschenanzahl aufgestrickt wurde.

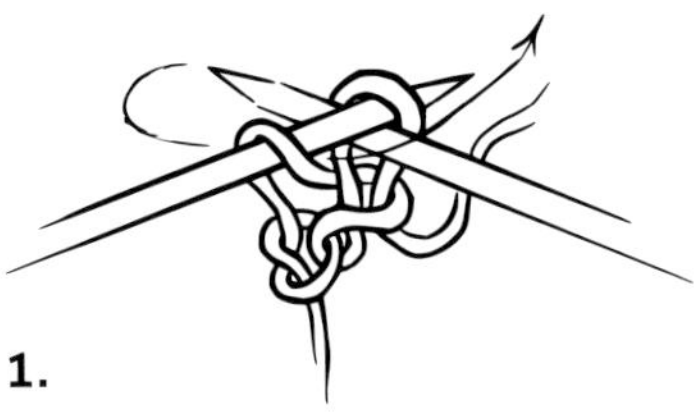
1.

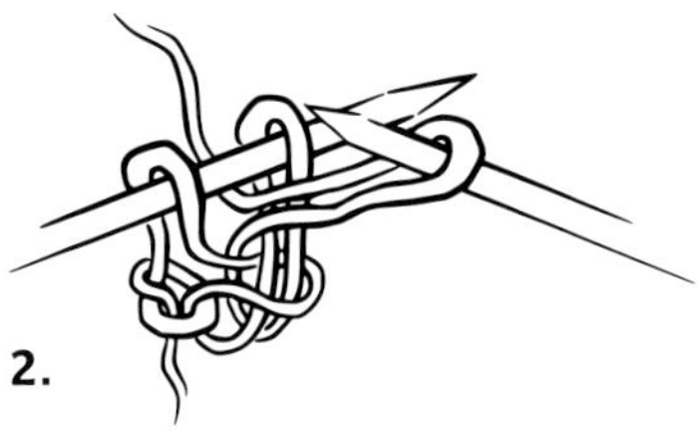
2.

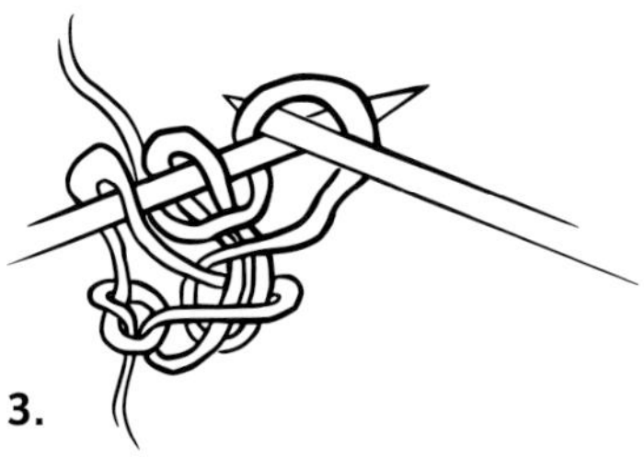
3.

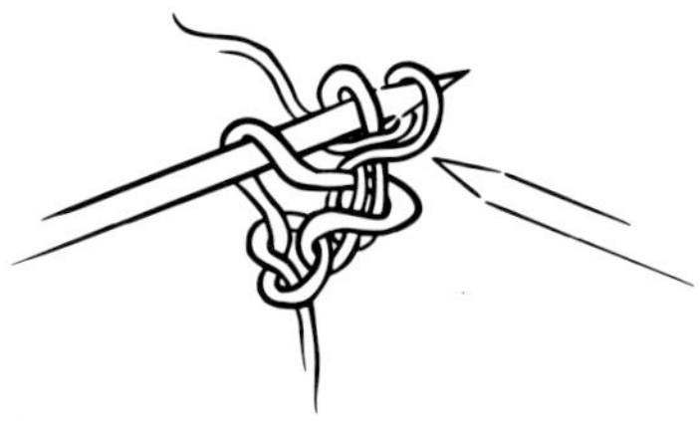
4.

TIPP:

Falls noch keine Maschen auf der linken Nadel liegen, kann man eine Grundschlinge knüpfen und diese auf die linke Nadel legen. Dann strickt man mit der rechten Nadel aus dieser Grundschlinge eine rechte Masche und legt diese Schlaufe zurück auf die linke Nadel. So weiterstricken, bis die gewünschte Maschenanzahl erreicht ist.

Verdrehter Maschenanschlag

1. Vorgegebene Anzahl Maschen anschlagen und stricken. Die linke Nadel einmal um 360 Grad, um die eigene Achse drehen.
2. Die Maschen zwischen den Nadeln sind in sich verdreht.
3. Weiter stricken, wie in der Anleitung angegeben.

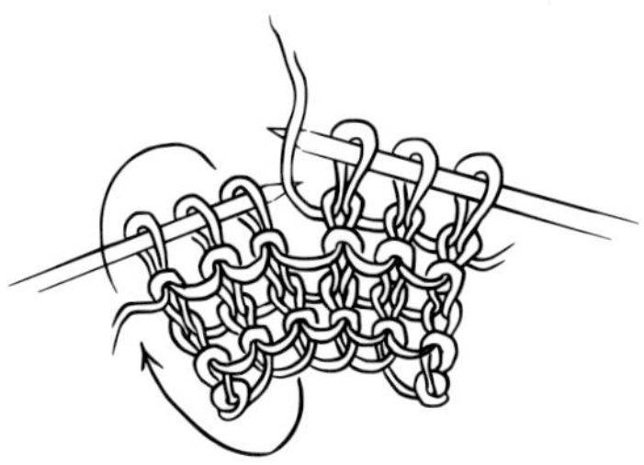
1.

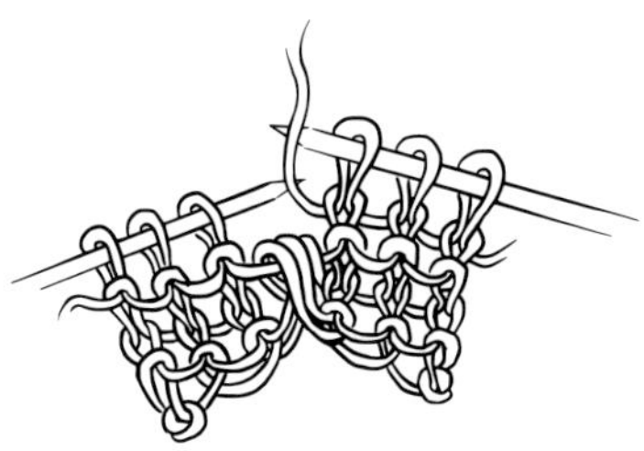
2.

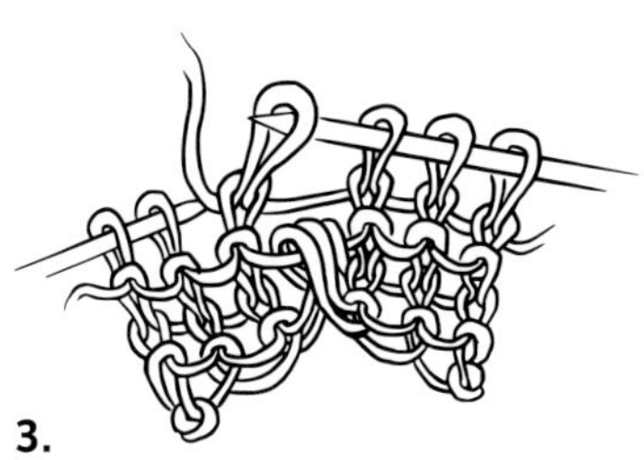
3.

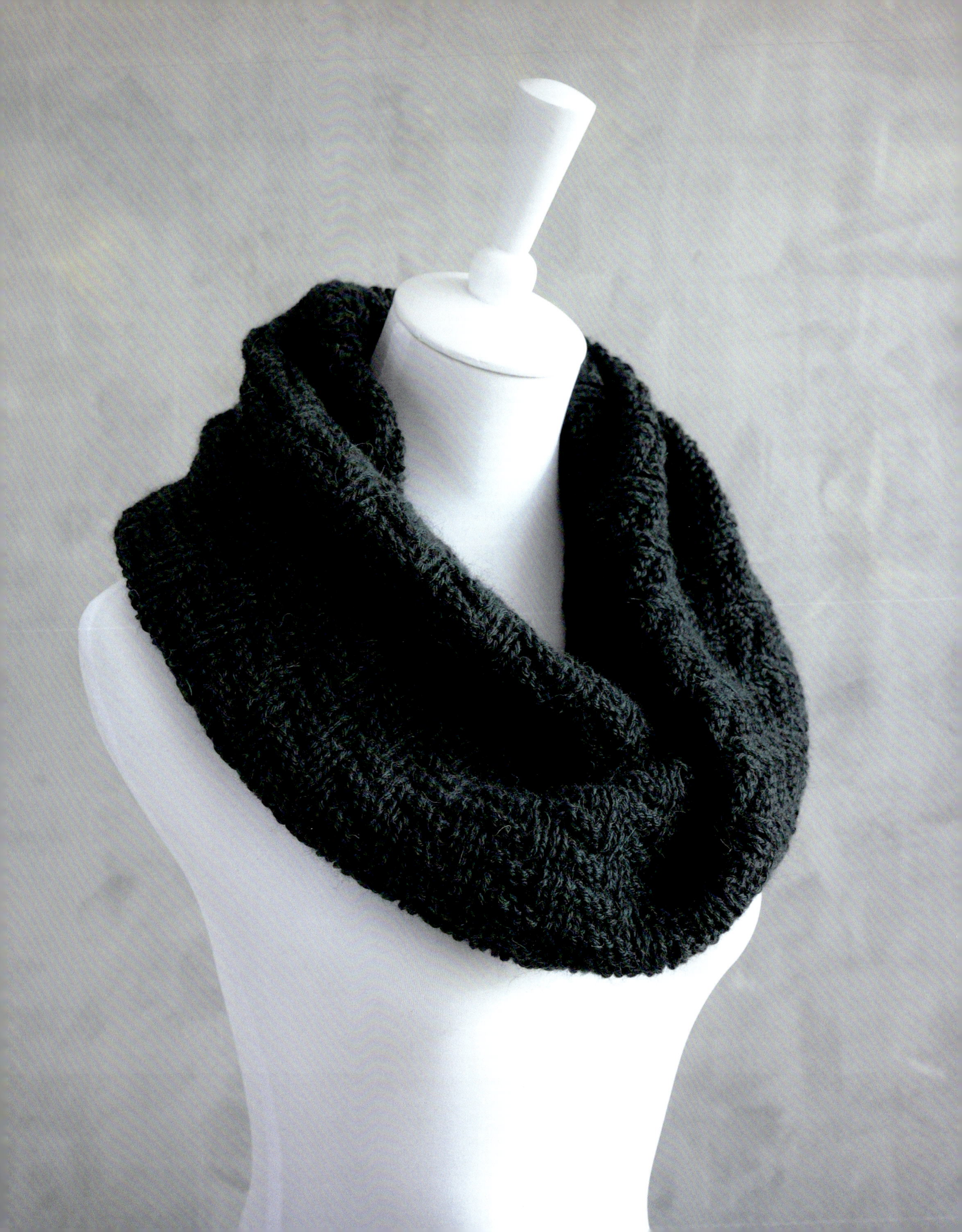

Loop mit Zickzackmuster

Die Idee zu diesem Loop war es, ein Design zu entwickeln, dass spannend aussieht, aber auch für Strickanfänger gut zu meistern ist. Er ist von beiden Seiten identisch und kann gleichermaßen mit dünneren oder dickeren Garnen gestrickt werden. Besonders gut kommt das Muster bei einfarbiger Wolle zur Geltung.

Wer lieber Schals als Loops trägt, kann das Zickzack Muster auch einfach in Hin- und Rückreihen stricken.

GARN
Kremke Soul Wool Babyalpaka

FARBE
Waldgrün

ANZAHL KNÄUEL
6

GRÖSSE
Umfang 83,5 cm, Höhe 44 cm

NADEL
Rundstricknadel 4 mm, 60 cm lang

MASCHENANSCHLAG
184 Maschen

ABKETTEN
Überzogen

ANMERKUNG

Der Mustersatz ist so dargestellt, wie das Strickstück von vorne gesehen wird. Das heißt, in Runden werden die Maschen so gestrickt, wie im Diagramm auf S. 21 gezeigt.

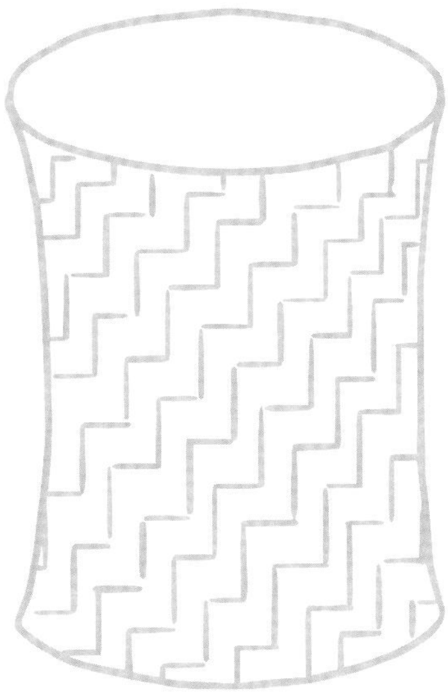

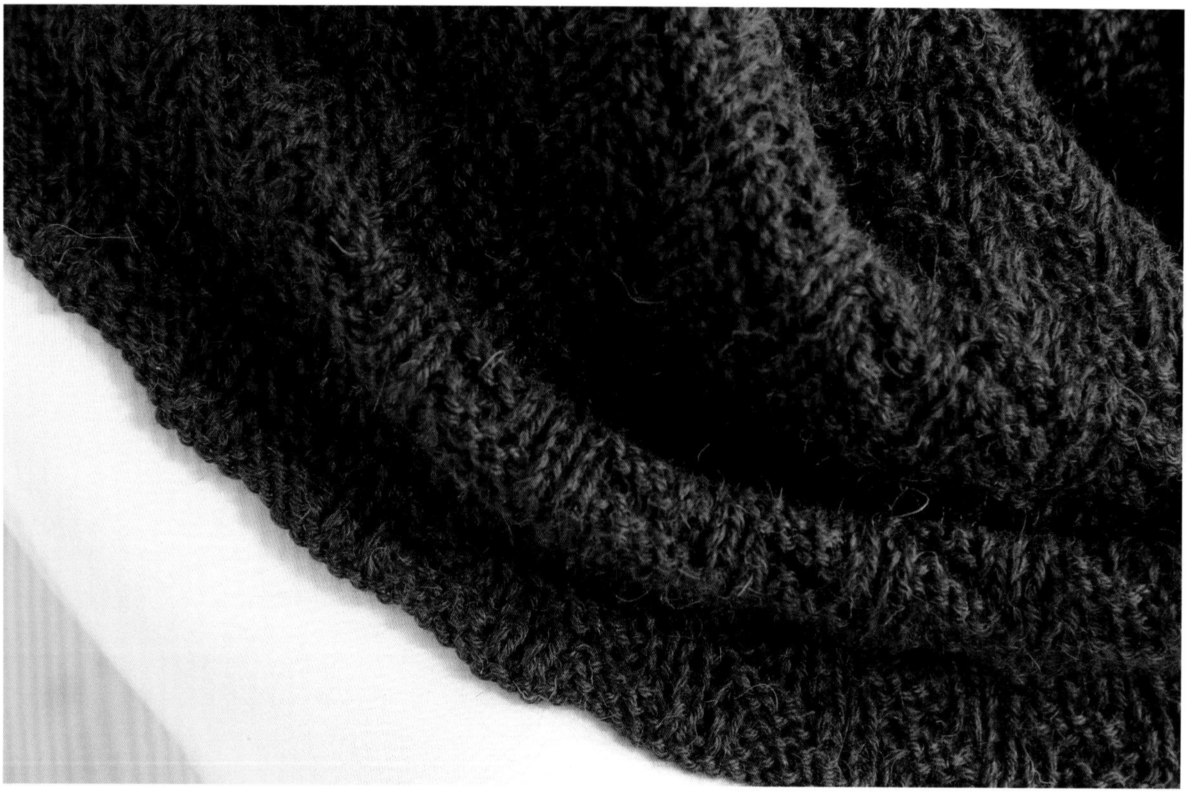

Strickanleitung

Ein Mustersatz (S. 21) besteht aus 8 Maschen. Daher muss eine Maschenzahl aufgenommen werden, die durch 8 teilbar ist.

Beschreibung

1. 184 Maschen anschlagen (Rd. A) Zur Runde schließen und Maschenmarkierer einsetzen.
2. Eine Runde rechts stricken (Rd B).
3. Den Mustersatz (8 Maschen) 23 mal stricken.
4. Die Runden 1-16 des Mustersatzes insgesamt 9 mal wiederholen.
5. 1 Runde rechts stricken (Rd. A').
6. Alle Maschen locker überzogen abketten (Rd. B').
7. Überstehende Fäden vernähen.

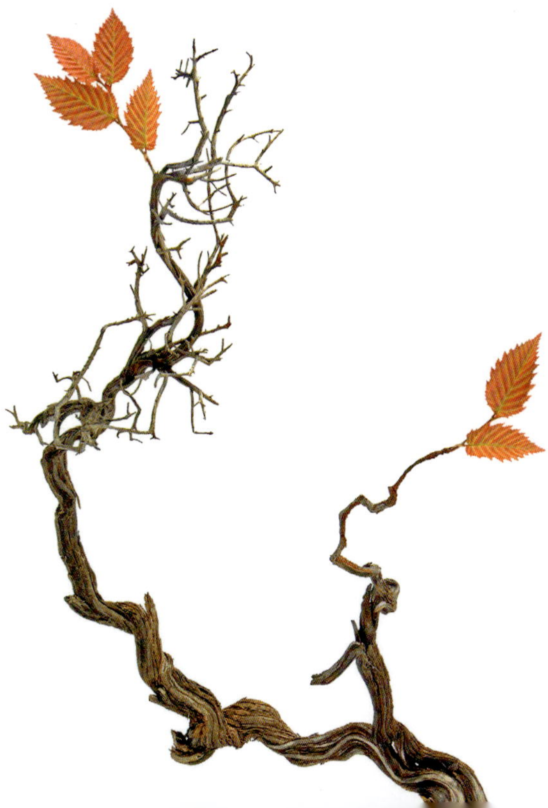

Strickmuster

Runde

B	Alle M re stricken.
1	*1 M re, 1 M li, 1 M re, 5 M li*. Von * - * bis Rd Ende wiederholen.
2	*1 M re, 1 M li, 1 M re, 5 M li*. Von * - * bis Rd Ende wiederholen.
3	*1 M re, 1 M li, 5 M re, 1 M li*. Von * - * bis Rd Ende wiederholen.
4	*1 M re, 1 M li, 5 M re, 1 M li*. Von * - * bis Rd Ende wiederholen.
5	*1 M re, 5 M li, 1 M re, 1 M li*. Von * - * bis Rd Ende wiederholen.
6	*1 M re, 5 M li, 1 M re, 1 M li*. Von * - * bis Rd Ende wiederholen.
7	*5 M re, 1 M li, 1 M re, 1 M li*. Von * - * bis Rd Ende wiederholen.
8	*5 M re, 1 M li, 1 M re, 1 M li*. Von * - * bis Rd Ende wiederholen.
9	*4 M li, 1 M re, 1 M li, 1 M re, 1 M li*. Von * - * bis Rd Ende wiederholen.
10	*4 M li, 1 M re, 1 M li, 1 M re, 1 M li*. Von * - * bis Rd Ende wiederholen.
11	*3 M re, 1 M li, 1 M re, 1 M li, 2 M re*. Von * - * bis Rd Ende wiederholen.
12	*3 M re, 1 M li, 1 M re, 1 M li, 2 M re*. Von * - * bis Rd Ende wiederholen.
13	*2 M li, 1 M re, 1 li, 1 M re, 3 M li*. Von * - * bis Rd Ende wiederholen.
14	*2 M li, 1 M re, 1 li, 1 M re, 3 M li*. Von * - * bis Rd Ende wiederholen.
15	*1 M re, 1 M li, 1 M re, 1 M li, 4 M re*. Von * - * bis Rd Ende wiederholen.
16	*1 M re, 1 M li, 1 M re, 1 M li, 4 M re*. Von * - * bis Rd Ende wiederholen.

Die Runden 1-16 noch 8x stricken.

A' Alle M re stricken.

NOTIZEN

8	7	6	5	4	3	2	1	Reihe	
überzogen abketten								B'	←
I	I	I	I	I	I	I	I	A'	←
I	I	I	I	–	I	–	I	16	←
I	I	I	I	–	I	–	I	15	←
–	–	–	I	–	I	–	–	14	←
–	–	–	I	–	I	–	–	13	←
I	I	–	I	–	I	I	I	12	←
I	I	–	I	–	I	I	I	11	←
–	I	–	I	–	–	–	–	10	←
–	I	–	I	–	–	–	–	9	←
–	I	–	I	I	I	I	I	8	←
–	I	–	I	I	I	I	I	7	←
–	I	–	–	–	–	–	I	6	←
–	I	–	–	–	–	–	I	5	←
–	I	I	I	I	I	–	I	4	←
–	I	I	I	I	I	–	I	3	←
–	–	–	–	–	I	–	I	2	←
–	–	–	–	–	I	–	I	1	←
I	I	I	I	I	I	I	I	B	←
●	●	●	●	●	●	●	●	A	←
8	7	6	5	4	3	2	1		
Mustersatz									

- ● Maschenanschlag
- I rechte Masche
- – linke Masche
- ← Strickrichtung

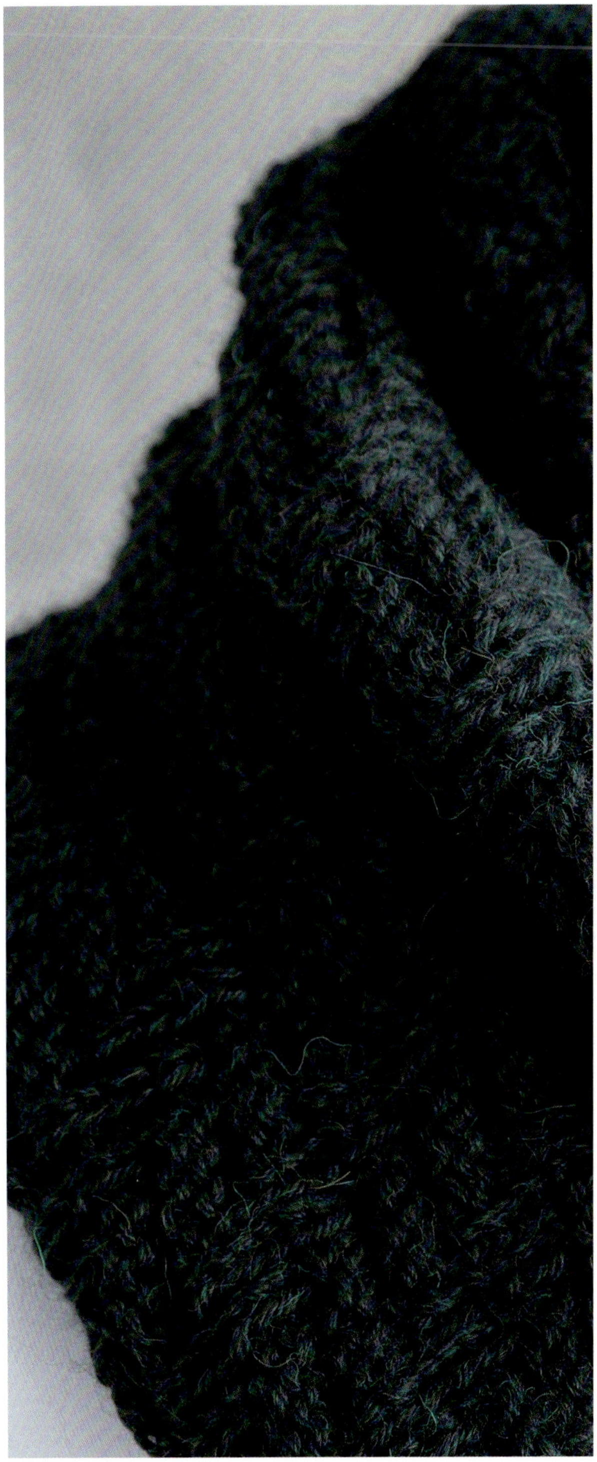

Kettenloop

Mehrere schmale Loops aus einem Loop gestrickt

Der Kettenloop ist eines meiner Lieblingsstücke, weil ich die Form sehr ausgefallen finde. Zugegeben, der Loop ist etwas aufwendiger zu stricken, aber es lohnt sich, denn er ist einfach ein Hingucker. Gerade Garne mit Farbverlauf ergeben hier tolle Farbmuster. Je nach Vorliebe kann die Größe variiert werden. Entstanden ist das Strickdesign aber tatsächlich mal wieder eher nebenbei, als ich mit verschiedenen Maschenanschlägen experimentiert habe.

GARN
Schoppel Zauberperlen

FARBE
2415 Sopran

ANZAHL KNÄUEL
3 Zauberperlen

GRÖSSE
Breite 14 cm, Umfang 135 cm

NADEL
3,5 mm

MASCHENANSCHLAG
270 (360) Maschen

ABKETTEN
Überzogen

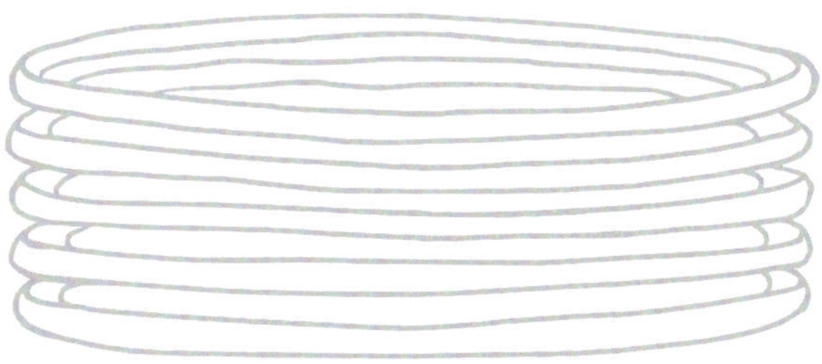

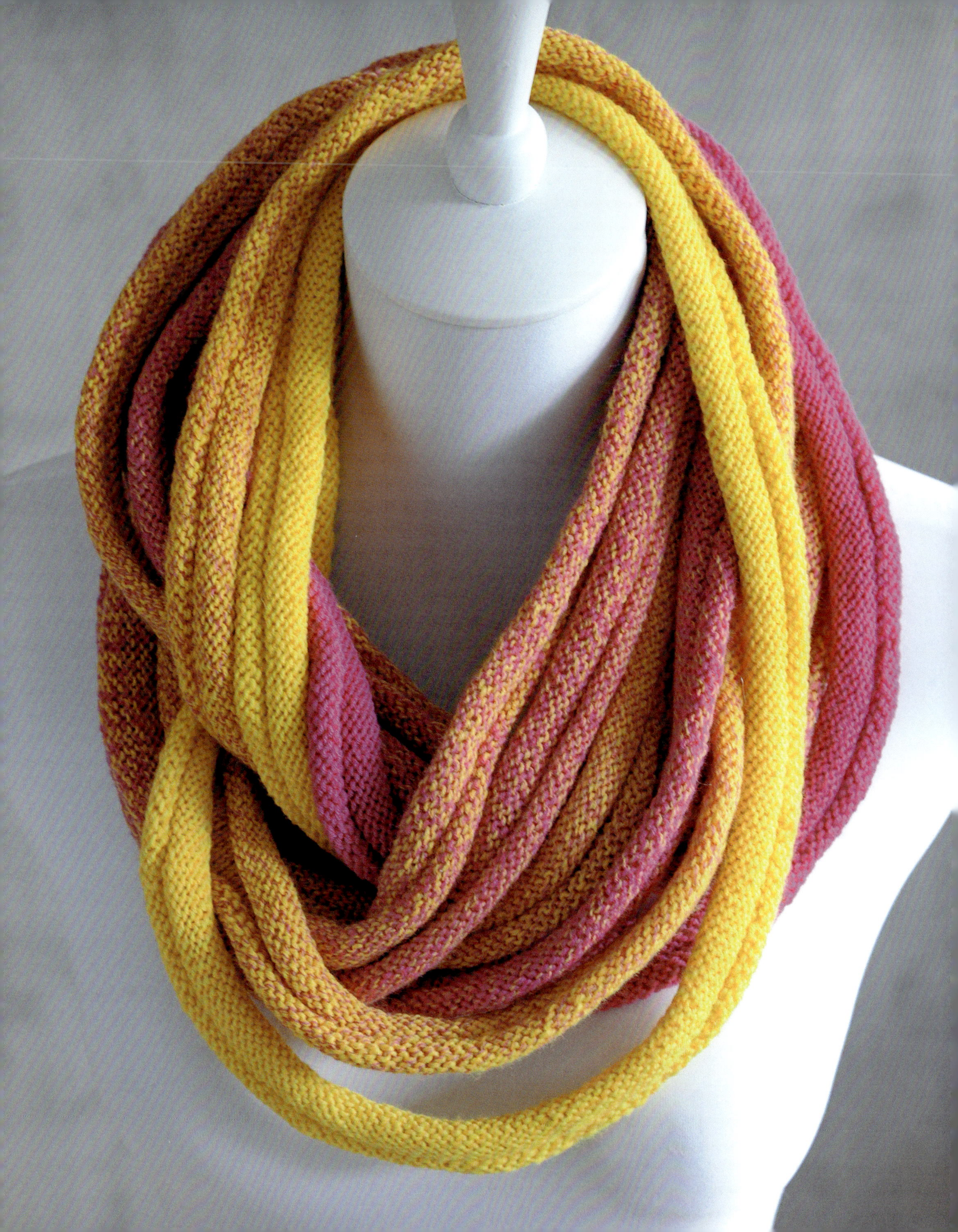

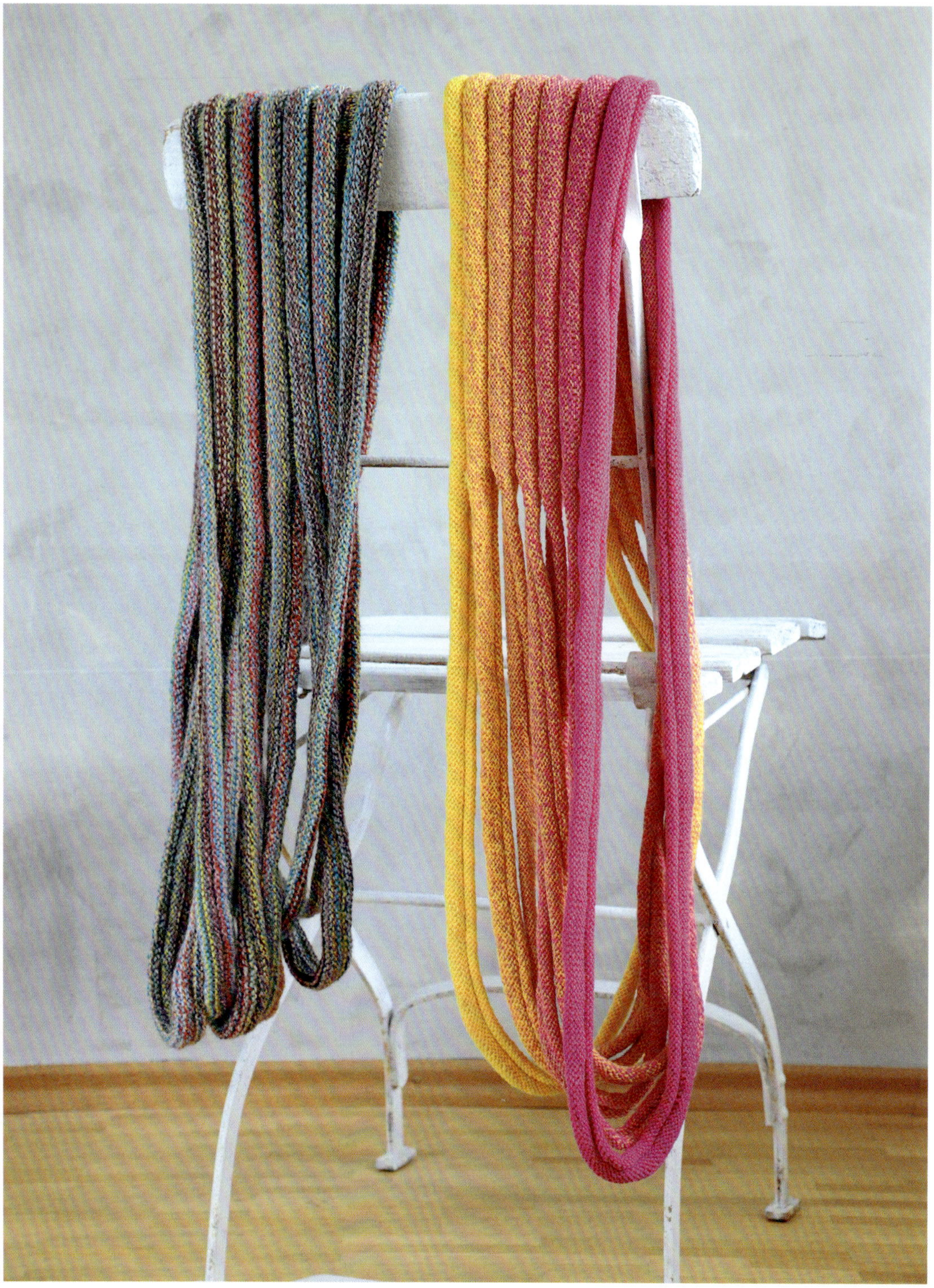

Strickanleitung

Beschreibung

1. 270 (360) Maschen aufstricken. Zur Runde schließen und Maschenmarkierer einsetzen.
2. 9 (11) Runden linke Maschen stricken.
3. Beginn Mustersatz: 9 (11) Runden rechte Maschen stricken.
4. 50 (70) Maschen rechts stricken, dann 170 (220) Maschen abketten. Noch einmal 50 (70) Maschen rechts stricken.
5. 50 (70) Maschen links stricken, dann 170 (220) Maschen aufstricken. Noch einmal 50 (70) Maschen links stricken.
6. Den Musterstatz (20 (24) Runden) noch 6 mal wiederholen.
7. Beim letzten Mustersatz alle Maschen locker abketten. Fäden vernähen.

Strickmuster

(kleine Größe)

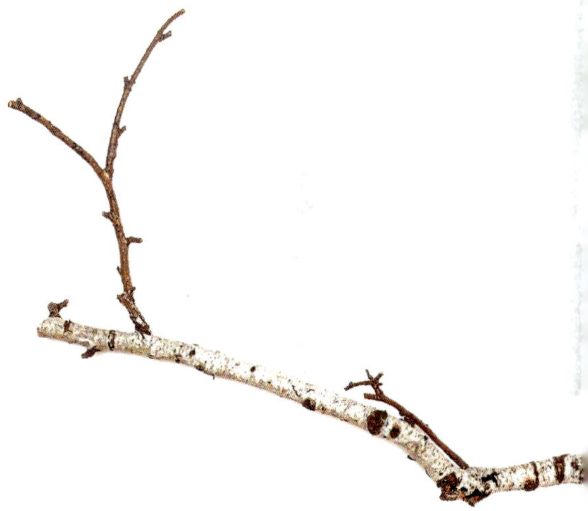

Runde

1	270 M aufstricken.
2-10	Alle M li stricken.
11-19	Alle M re stricken.
20	50 M re, 170 M abketten, 50 M re.
21	50 M li, 170 M aufstricken, 50 M li.
22-30	Alle M li stricken.

Die Runden 11 – 30 noch 6 x wiederholen.

Strickmuster

(große Größe)

Runde

1	360 M aufstricken.
2-12	Alle M li stricken.
13-23	Alle M re stricken.
24	70 M re, 220 M abketten, 70 M re.
25	70 M li, 220 M aufstricken, 70 M li.
26-30	Alle M li stricken.

Die Runden 13 – 30 noch 6 x wiederholen.

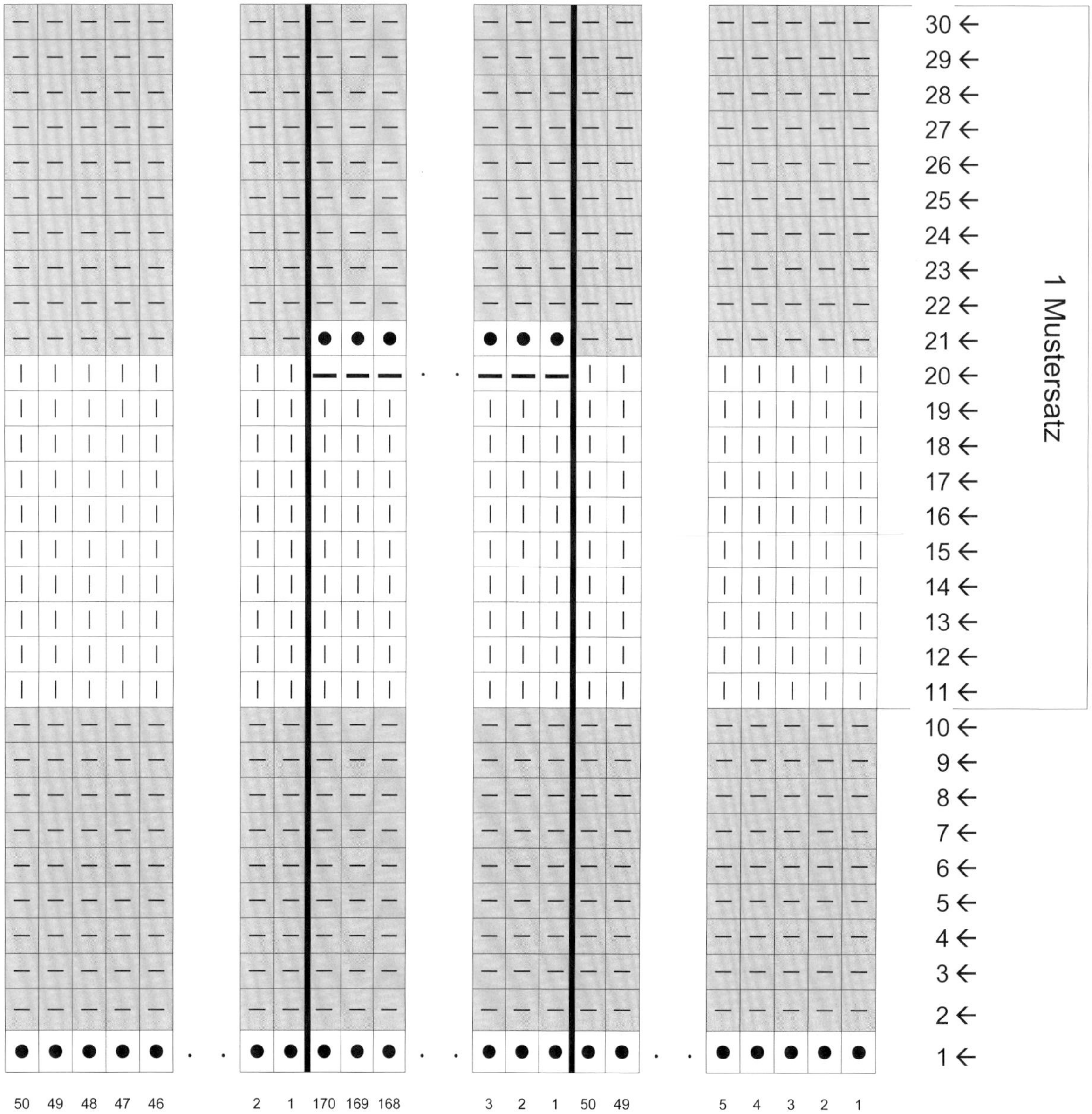

● Maschen aufstricken

▬ Masche abketten

| rechte Masche

– linke Masche

← Strickrichtung Hinreihe

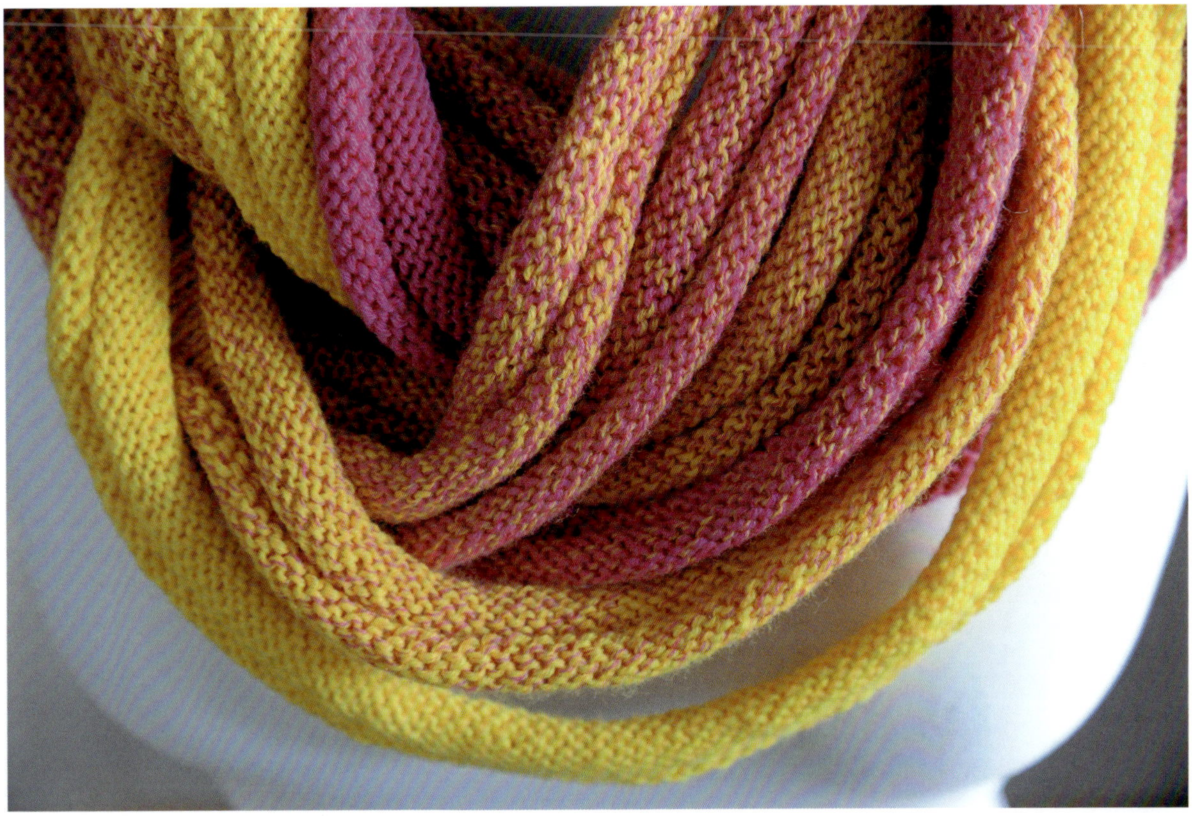

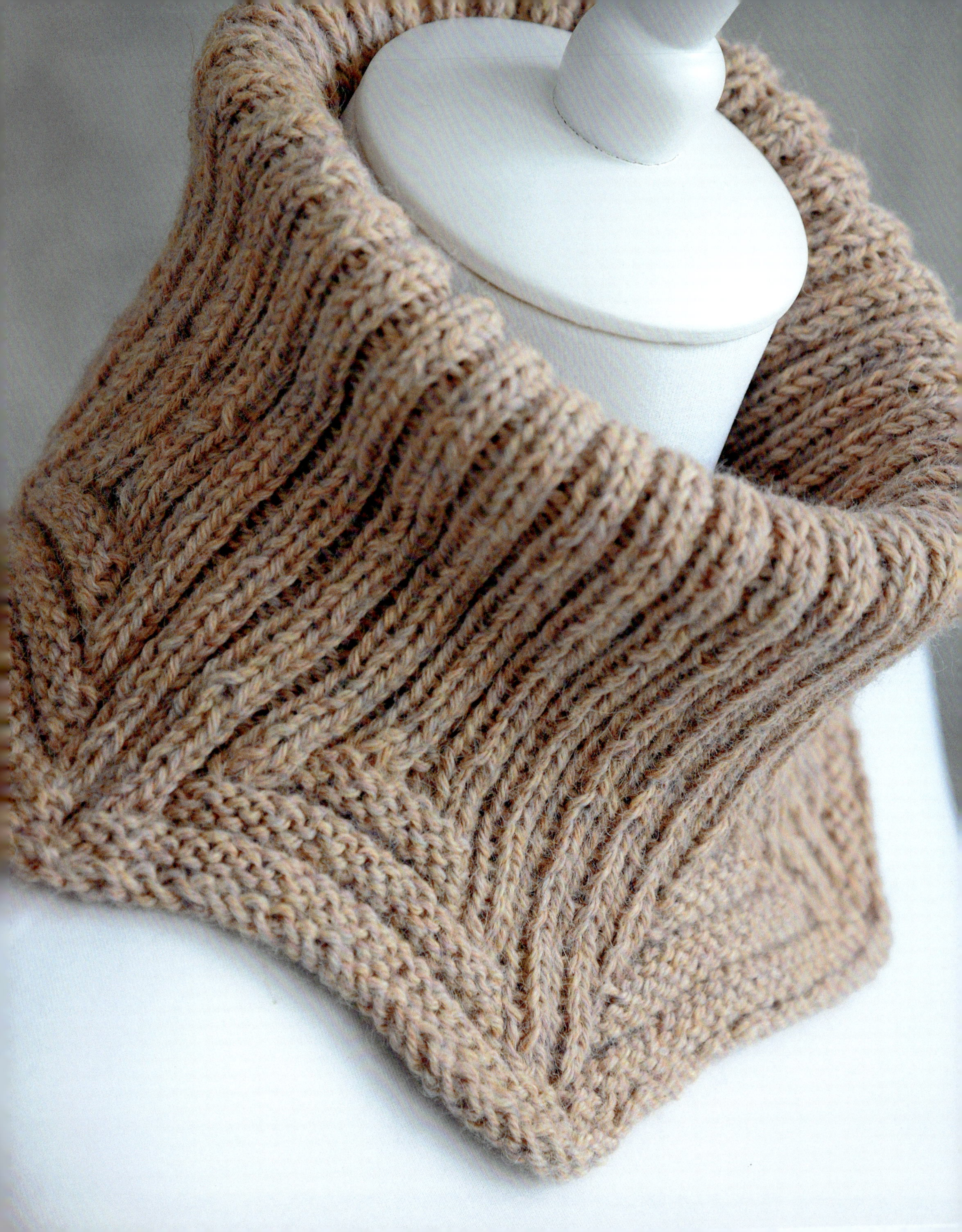

Einfacher Zackenloop

Loop mit gezacktem Rand

Das Grundmuster für diesen Loop oder Kragen entstand – wie so oft – beim Experimentieren. Ich wollte ausprobieren, wie wohl mehrere Zacken gestrickt nebeneinander wirken und ob sich so ein Stück als Kragen eignen könnte. Wie man sieht, hat es funktioniert. Das Überraschende an diesem Loop: er wird nur gerade gestrickt und trotzdem entstehen dabei geometrische Formen. Auf den ersten Blick könnte man meinen, es sei ein Projekt für Fortgeschrittene – es ist aber wirklich super für Strickanfänger:innen geeignet.

GARN
Krempke Soul Wool Babyalpaka

FARBEN
Version 1: Salmon Melange
Version 2: Ocker

ANZAHL KNÄUEL
2

GRÖSSE
Höhe 26 cm, Umfang 40 cm

NADEL
3,5 mm

MASCHENANSCHLAG
144 Maschen

ABKETTEN
Überzogen

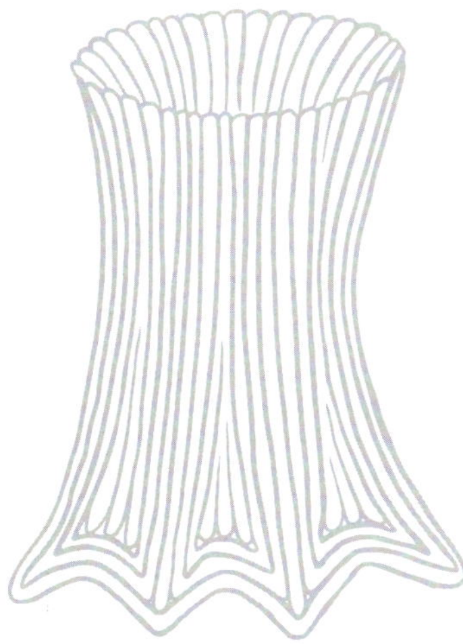

Strickanleitung

Beschreibung

1. 144 Maschen anschlagen. Zur Runde schließen und Maschenmarkierer einsetzen.
2. Den Mustersatz (24 Maschen) 6 mal pro Runde stricken.
3. Ab Runde 23 im Bündchenmuster (2 re, 2 li) bis zur gewünschen Länge stricken.
4. Alle Maschen locker überzogen abketten.
5. Fäden vernähen.

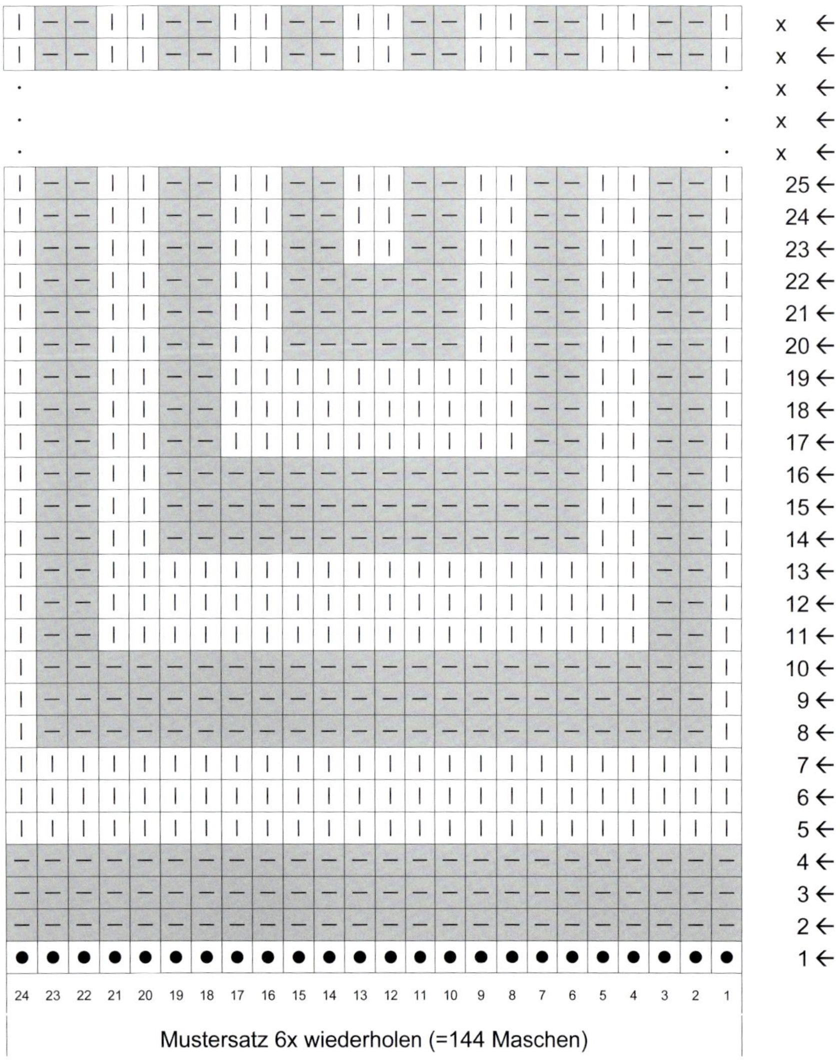

● Maschen aufstricken

| rechte Masche

– linke Masche

← Strickrichtung Hinreihe

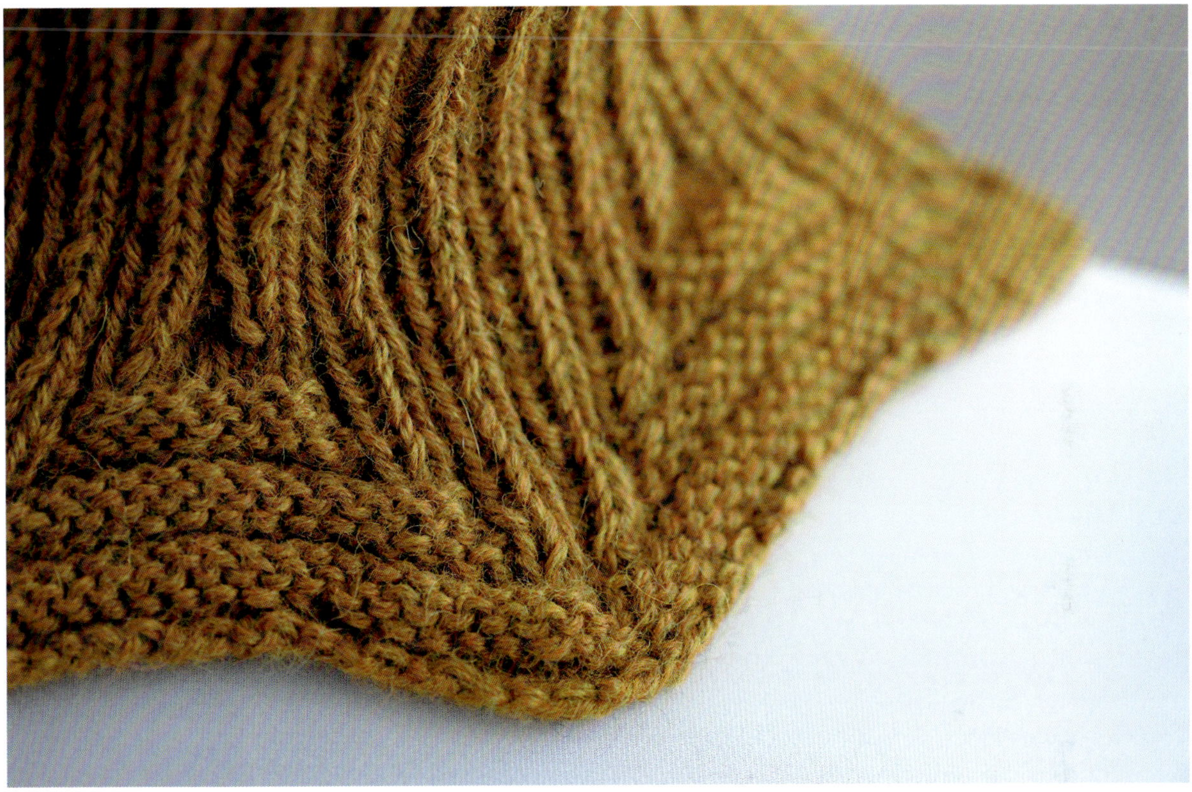

Strickmuster

Runde

1	144 M anschlagen.
2-4	Alle M li stricken.
5-7	Alle M re stricken.
8-10	*1 M re, 22 M li, 1 M re*. Von * - * bis Rd Ende wiederholen.
11-13	*1 M re, 2 M li, 18 M re, 2 M li, 1 M re*. Von * - * bis Rd Ende wiederholen.
14-16	*1 M re, 2 M li, 2 M re, 14 M li, 2 M re, 2 M li, 1 M re*. Von * - * bis Rd Ende wiederholen.
17-19	*1 M re, 2 M li, 2 M re, 2 M li, 10 M re, 2 M li, 2 M re, 2 M li, 1 M re*. Von * - * bis Rd Ende wiederholen.
20-22	*1 M re, 2 M li, 2 M re, 2 M li, 2 M re, 6 M li, 2 M re, 2 M li, 2 M re, 2 M li, 1 M re*. Von * - * bis Rd Ende wiederholen.
23	*2 M re, 2M li*. Von * - * bis Rd Ende wiederholen.

Runde 23 bis zur gewünschten Länge wiederholen.

Doppelter Zackenkragen

Loop mit doppelt gezacktem Rand

Bei diesem Design habe ich das Muster aus dem einfachen Zackenloop von Seite 28 weiterentwickelt. Ich wollte wissen, wie es wohl aussieht, wenn man auf beiden Seiten des Kragens die Zacken versetzt zueinander strickt.

Wer den Loop gerne etwas weiter hätte, schlägt einfach mehr Maschen an und strickt weitere Mustersätze dazu. Mir gefällt es besonders gut, wenn man ab der Hälfte in einer Kontrastfarbe weiterstrickt.

GARN
Kremke Soul Wool Bebe Soft Wash

FARBEN
Version 1: Silbergrau, Goldgelb
Version 2: Nougat, Burnt Orange

ANZAHL KNÄUEL
je 2 pro Farbe

GRÖSSE
Höhe 38 cm, Umfang 40 cm

NADEL
Rundstricknadel 4 oder 4,5 mm

MASCHENANSCHLAG
144 Maschen

ABKETTEN
Überzogen

TIPP

Bei der ersten Farbe merke ich mir, bis zu welcher Runde ich mit dem ersten Knäuel stricke. Dann weiß ich beim Farbwechsel, wieviele Runden ich stricken kann, um nur ein Knäuel zu benötigen.

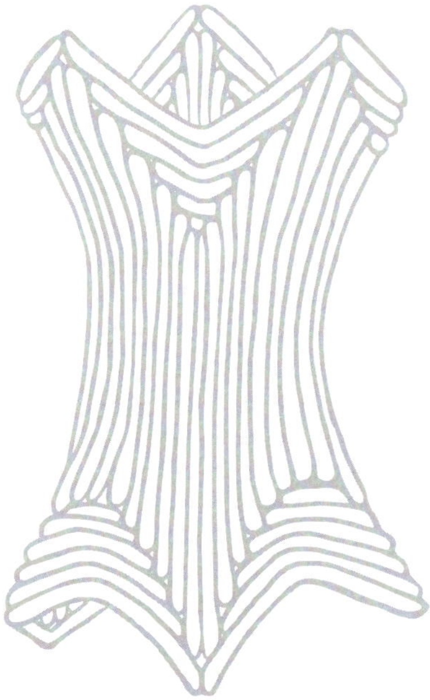

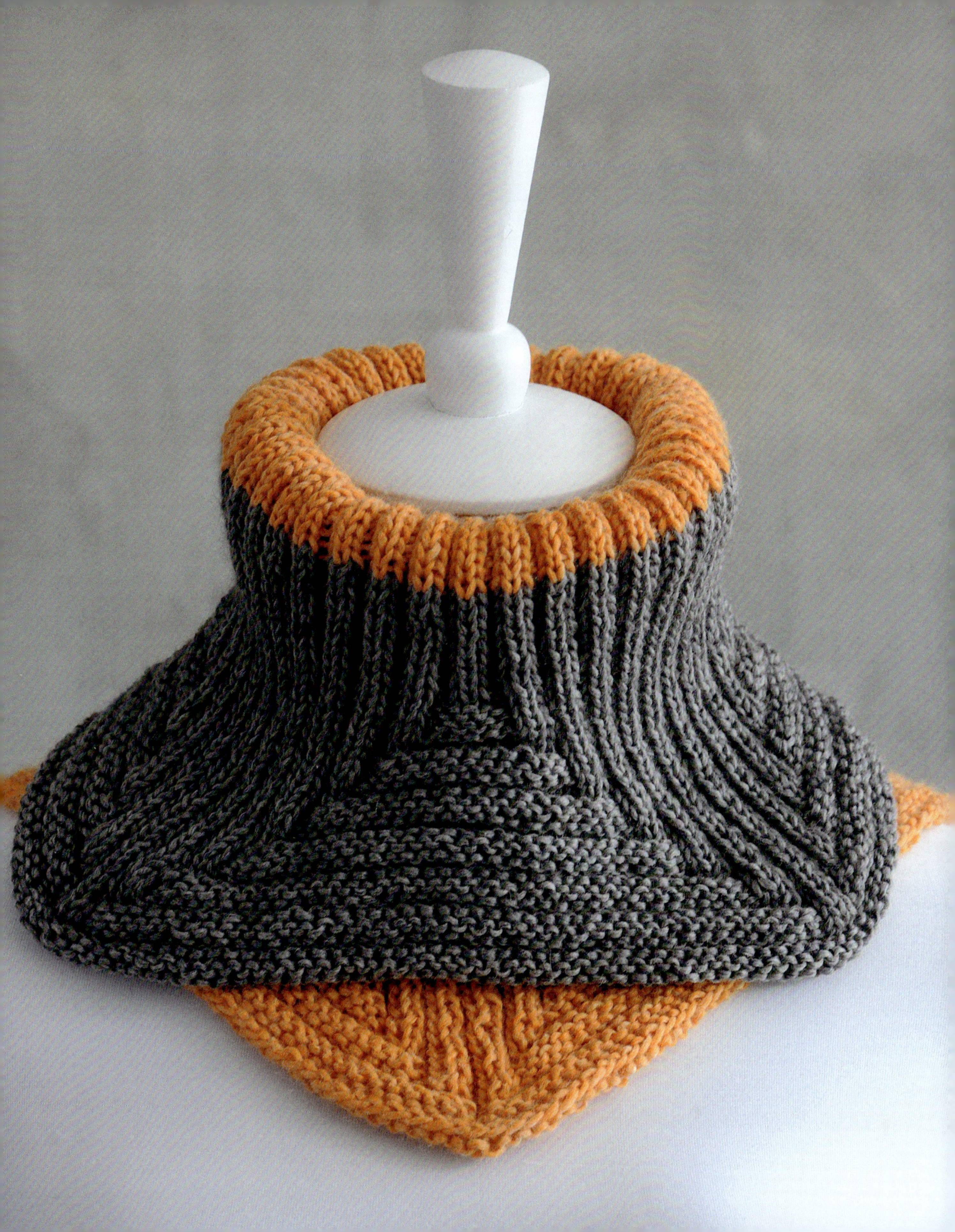

Strickanleitung

Beschreibung

1. 144 Maschen in Farbe A anschlagen. Zur Runde schließen und Maschenmarkierer einsetzen.
2. Den Mustersatz (48 Maschen) 3 mal pro Runde stricken.
3. Ab Runde 71 bis Runde 119 in Farbe B weiter stricken.
4. In Runde 120 alle Maschen locker überzogen abketten. Fäden vernähen.

Strickmuster

Runde – Farbe A

1 144 M anschlagen.

2-4 Alle M li stricken.

5-7 Alle M re stricken.

8-10 *1 M re, 46 M li, 1 M re*. Von * - * bis Rd Ende wiederholen.

11-13 *1 M re, 2 M li, 42 M re, 2 M li, 1 M re*. Von * - * bis Rd Ende wiederholen.

14-16 *1 M re, 2 M li, 2 M re, 38 M li, 2 M re, 2 M li, 1 M re*. Von * - * bis Rd Ende wiederholen.

17-19 *1 M re, 2 M li, 2 M re, 2 M li, 34 M re, 2 M li, 2 M re, 2 M li, 1 M re*. Von * - * bis Rd Ende wiederholen.

20-22 *1 M re, 2 M li, 2 M re, 2 M li, 2 M re, 30 M li, 2 M re, 2 M li, 2 M re, 2 M li, 1 M re*. Von * - * bis Rd Ende wiederholen.

23-25 *1 M re, 2 M li, (2 M re, 2 M li) 2x wdh, 26 M re, (2 M li, 2 M re) 2x wdh, 2 M li, 1 M re*. Von * - * bis Rd Ende wiederholen.

26-28 *1 M re, 2 M li, (2 M re, 2 M li) 2x wdh, 2 M re, 22 M li, 2 M re, (2 M li, 2 M re) 2x wdh, 2 M li, 1 M re*. Von * - * bis Rd Ende wiederholen.

29-31 *1 M re, 2 M li, (2 M re, 2 M li) 3x wdh, 18 M re, (2 M li, 2 M re) 3x wdh, 2 M li, 1 M re*. Von * - * bis Rd Ende wiederholen.

32-34 *1 M re, 2 M li, (2 M re, 2 M li) 3x wdh, 2 M re, 14 M li,2 M re, (2 M li, 2 M re) 3x wdh, 2 M li, 1 M re*. Von * bis * bis Rd Ende wiederholen.

35-37 *1 M re, 2 M li, (2 M re, 2 M li) 4x wdh, 10 M re, (2 M li, 2 M re) 4x wdh, 2 M li, 1 M re*. Von * - * bis Rd Ende wiederholen.

38-40 *1 M re, 2 M li, (2 M re, 2 M li) 4x wdh, 2 M re, 6 M li, 2 M re, (2 M li, 2 M re) 4x wdh, 2 M li, 1 M re*. Von * - * bis Rd Ende wiederholen.

41-70 *1 M re, 2 M li, (2 M re, 2 M li) 11x wdh, 1 M re*. Von * - * bis Rd Ende wiederholen.

Fortsetzung S. 36

● Maschenanschlag

| rechte Masche

– linke Masche

← Strickrichtung Hinreihe

Fortsetzung Diagramm S. 37

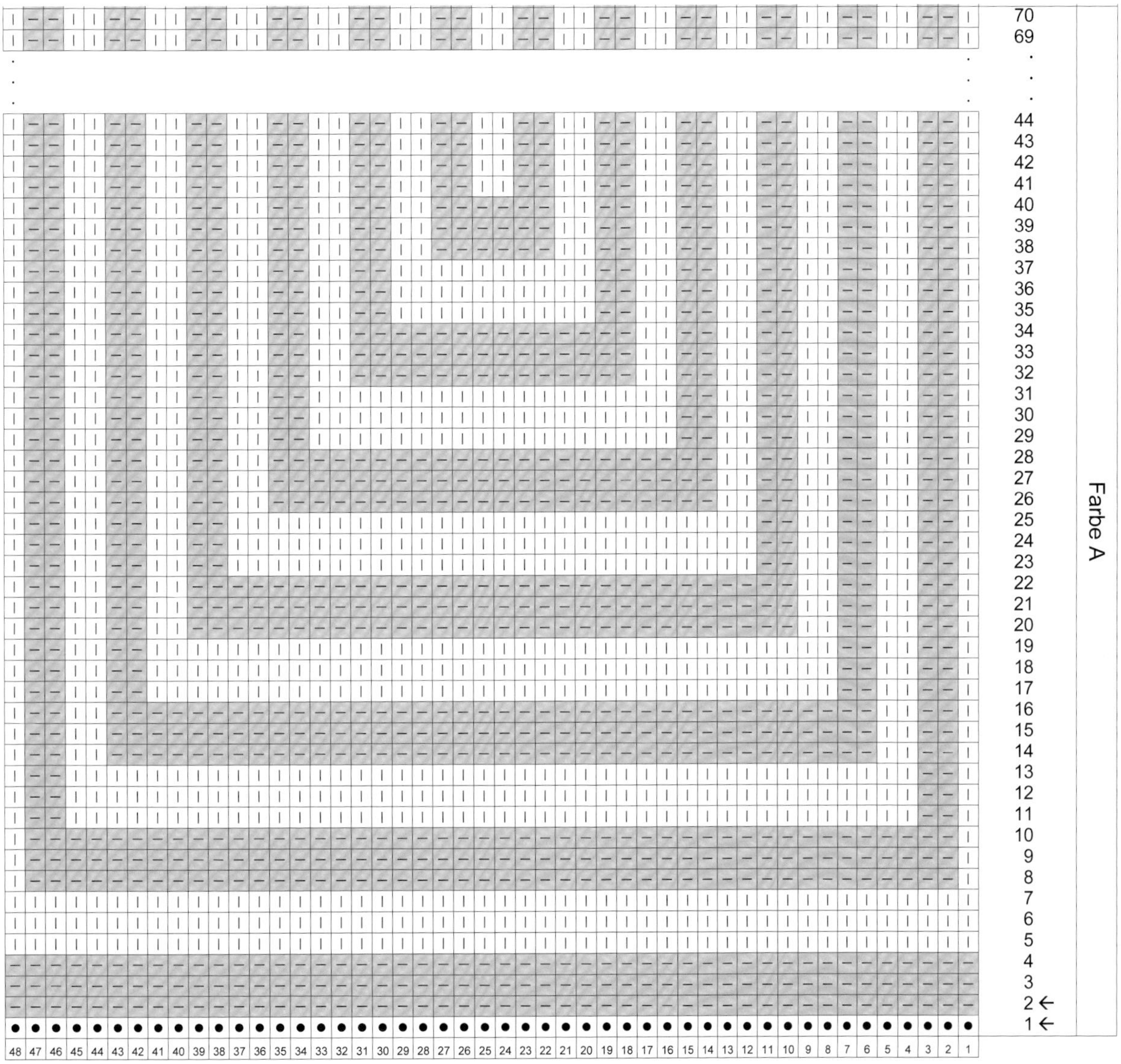

Mustersatz 3x wiederholen (=144 Maschen)

Strickmuster (Fortsetzung)

Runde - Farbe B	
71-80	*1M re, 2M li, (2M re, 2M li) 11x wdh, 1M re. Von * - * bis Rd Ende wiederholen.
81-83	*3 M li, (2 M re, 2 M li) 10x wdh, 2 M re, 3 M li*. Von * - * bis Rd Ende wiederholen.
84-86	*5 M re, 2 M li, (2 M re, 2 M li) 9x wdh, 5 M re*. Von * - * bis Rd Ende wiederholen.
87-89	*7 M li, (2 M re, 2 M li) 8x wdh, 2 M re, 7 M li*. Von * - * bis Rd Ende wiederholen.
90-92	*9 M re, 2 M li, (2 M re, 2 M li) 7x wdh, 9 M re*. Von * - * bis Rd Ende wiederholen.
93-95	*11 M li, (2 M re, 2 M li) 6x wdh, 2 M re, 11 M li*. Von * - * bis Rd Ende wiederholen.
96-98	*13 M re, 2 M li, (2 M re, 2 M li) 5x wdh, 13 M re*. Von * - * bis Rd Ende wiederholen.
99-101	*15 M li, (2 M re, 2 M li) 4x wdh, 2 M re, 15 M li*. Von * - * bis Rd Ende wiederholen.
102-104	*17 M re, 2 M li, (2 M re, 2 M li) 3x wdh, 17 M re*. Von * - * bis Rd Ende wiederholen.
105-107	*19 M li, (2 M re, 2 M li) 2x wdh, 2 M re, 19 M li*. Von * - * bis Rd Ende wiederholen.
108-110	*21 M re, 2 M li, (2 M re, 2 M li) 1x wdh, 21 M re*. Von * - * bis Rd Ende wiederholen.
111-113	*23 M li, 2 M re, 23 M li*. Von * - * bis Rd Ende wiederholen.
114-116	Alle M re stricken.
117-119	Alle M li stricken.
120	144 M abketten.

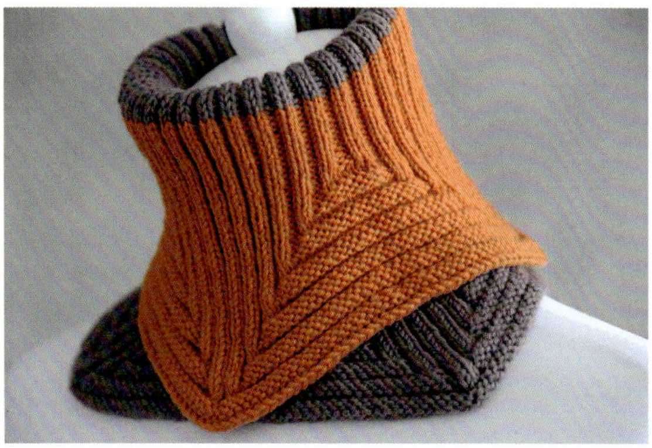

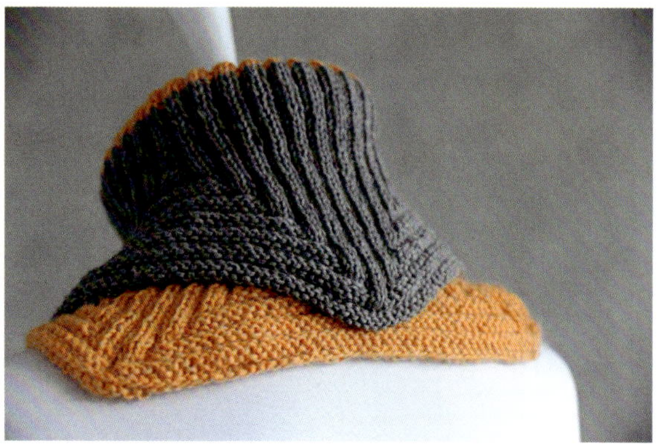

- ● Maschenanschlag
- | rechte Masche
- – linke Masche
- ← Strickrichtung Hinreihe

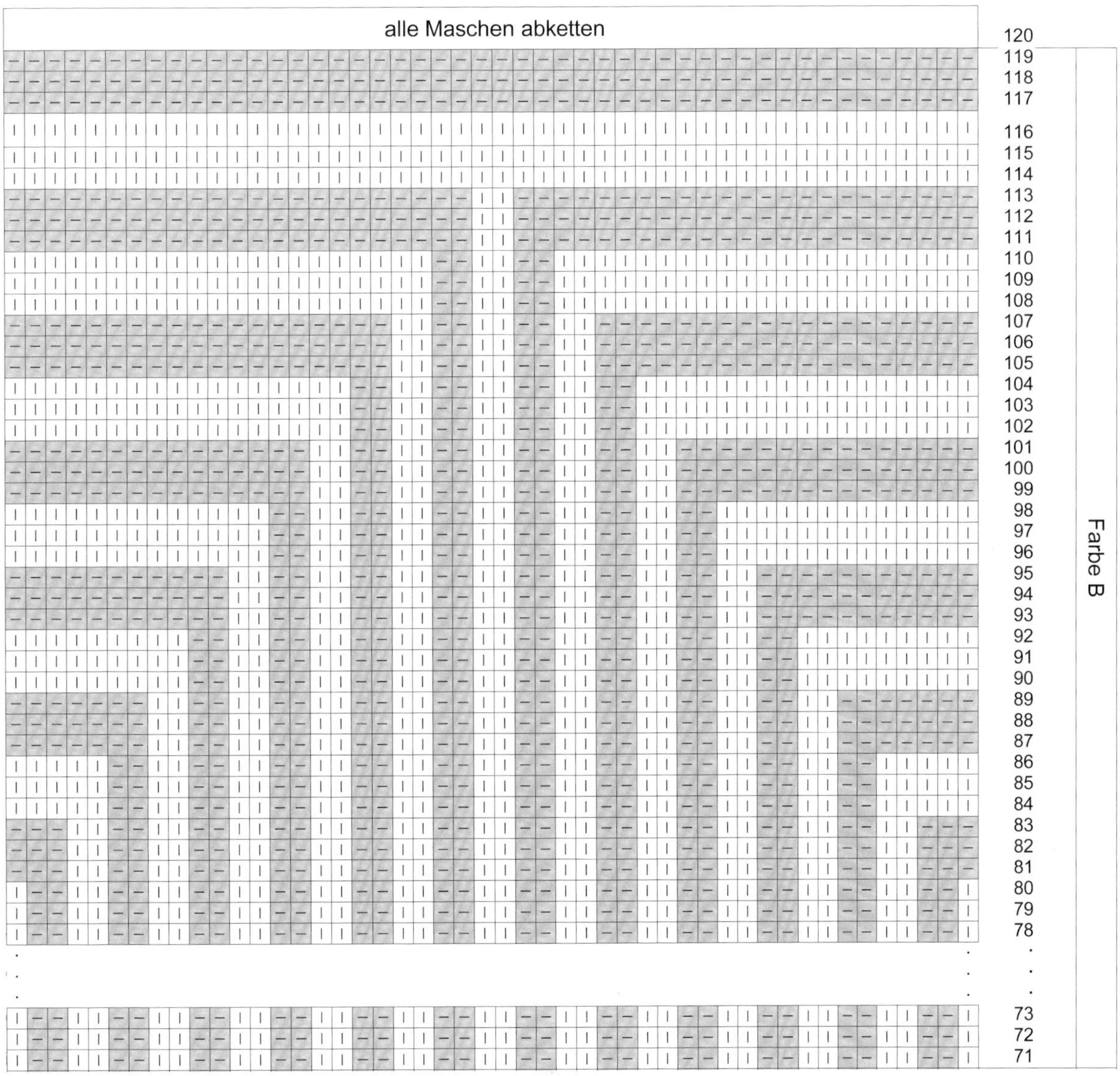

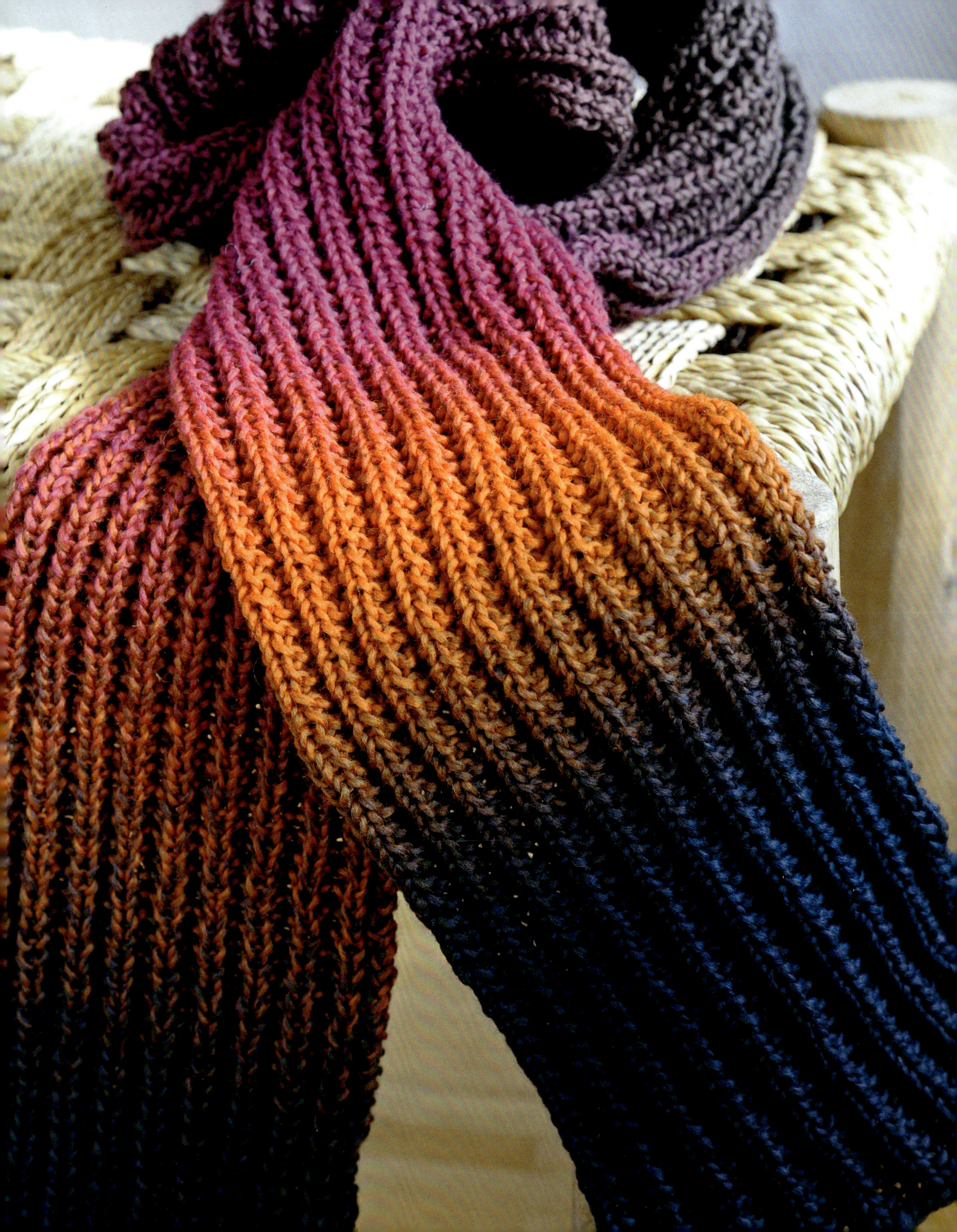

Falsches Brioche

Schal mit Rippenmuster

Dieser Schal hat eine wunderschöne 3D-Struktur, daher sollte man unbedingt etwas fester stricken. Da das Muster sehr leicht nachzuarbeiten ist, kann man den Schal auch ohne Strickschrift stricken – er eignet sich also bestens für kurze Strickeinheiten in der Bahn oder unterwegs. Ich finde den Schal tatsächlich in allen Garnvarianten schön, deshalb kann man hier ruhig eigene Garnreste aufbrauchen.

GARN
Schoppel Gradient

FARBEN
Alter Schwede

ANZAHL KNÄUEL
2

GRÖSSE
Breite 16 cm, Länge 198 cm

NADEL
Stricknadel oder
Rundstricknadel 4 mm

MASCHENANSCHLAG
41 Maschen

ABKETTEN
Überzogen

Strickanleitung

Die angeschlagene Maschenzahl muss durch 4+1 teilbar sein.

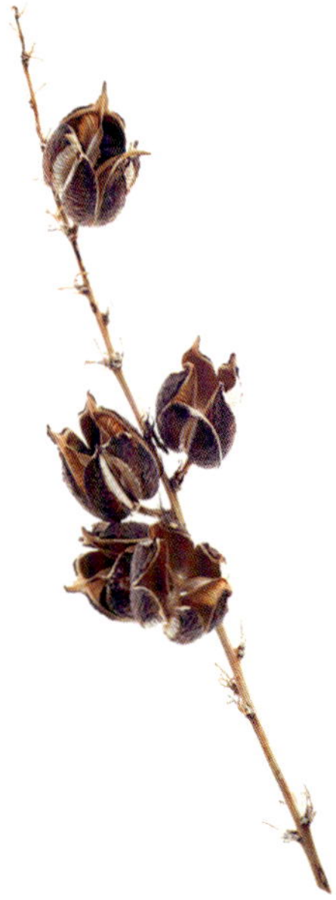

Beschreibung

1. 41 Maschen anschlagen.
2. Den Mustersatz (4 Maschen, siehe roter Kasten) 8 mal pro Reihe stricken. Dabei in den Hinreihen mit 1 rechten Masche beginnen und mit 4 rechten Maschen enden. In den Rückreihen mit 3 linken Maschen beginnen und mit 2 linken Maschen enden.
3. Die Reihen 1 bis 2 bis zur gewünschten Länge wiederholen.
4. Alle Maschen locker überzogen abketten.
5. Fäden vernähen.

Strickmuster

Reihe

A (HR) 41 M anschlagen.
B (RR) 3 M li, 1 M re, (2 M re, 1 M li, 1 M re) 8x wdh, 2 M re, 3 M li.
1. (HR) 4 M re, 1 M li, (3 M re, 1 M li) 8x wdh, 4 M re.
2. (RR) 3 M li, 1 M re, (2 M re, 1 M li, 1 M re) 8x wdh, 2 M re, 3 M li.

Alternative (siehe Diagramm S. 41)

A (HR) 41 M anschlagen.
B (RR) 3 M li, (3 M re, 1 M li) 8x wdh, 3 M re, 3 M li.
1. (HR) 4 M re, 1 M li, (3 M re, 1 M li) 8x wdh, 4 M re.
2. (RR) 3 M li, (3 M re, 1 M li). 8x wdh, 3 M re, 3 M li.

NOTIZEN

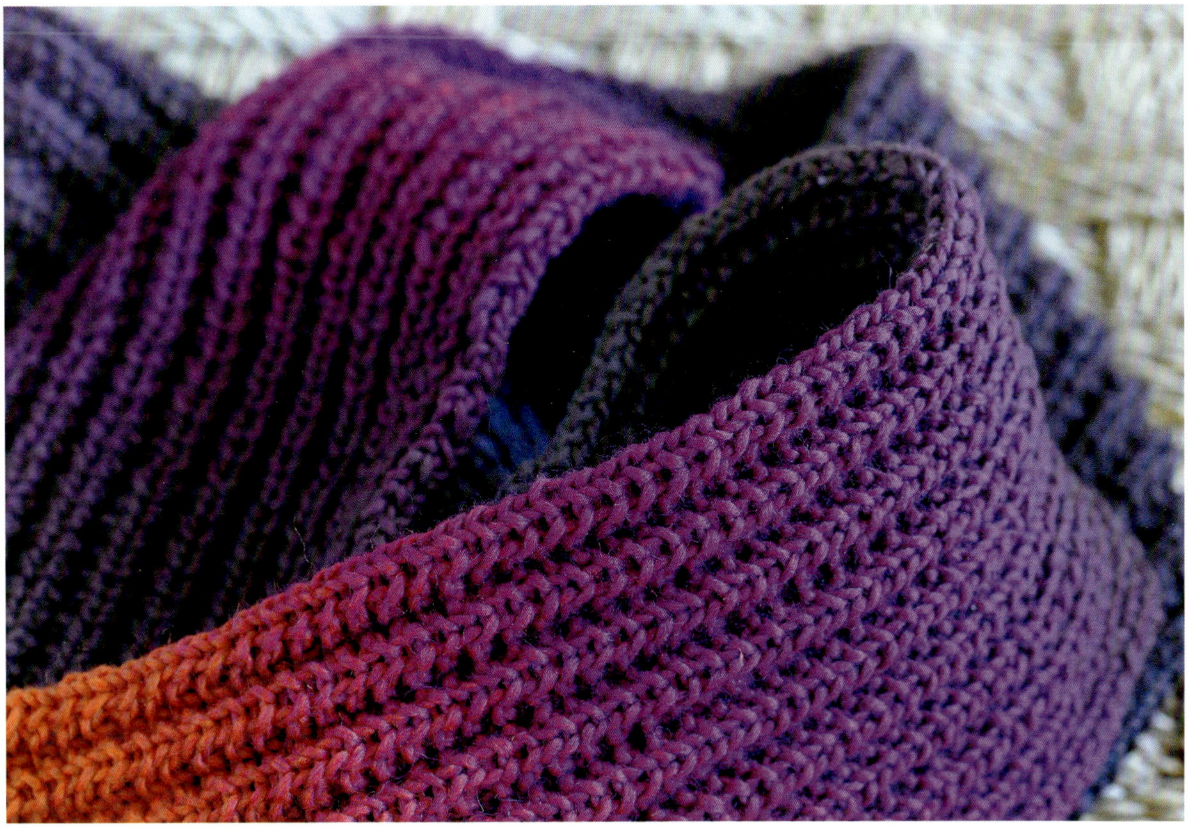

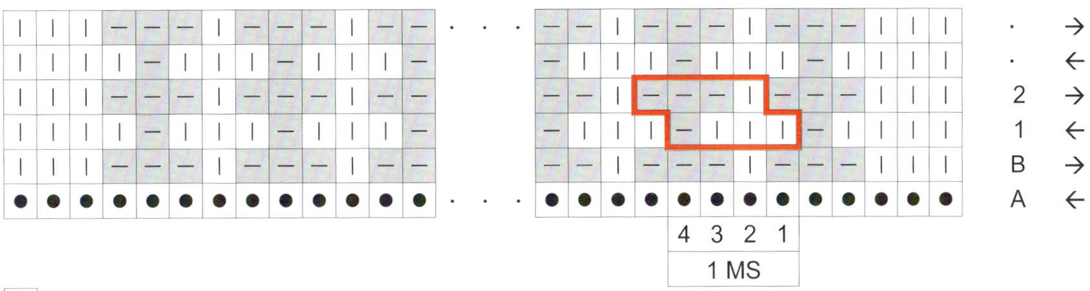

- ● Maschenanschlag
- | rechte Masche (HR), linke Masche (RR)
- – linke Masche (RR), rechte Masche (HR)

Strickrichtung ← Hinreihe
→ Rückreihe

Verdreht No. 1

Dreieckstuch mit verdrehter Kante

Ich wollte unbedingt ein Strickmuster für ein Dreieckstuch im Buch haben. Diese werden oft mit verkürzten Reihen gestrickt, aber das hätte nicht zu dem Thema „Rechte Masche, Linke Masche" gepasst.

Deshalb habe ich etwas herumexperimentiert und bin auf die Idee gekommen, in jeder Reihe ein paar Maschen mehr vom Anschlag aufzunehmen. Ich gebe zu, das ist etwas Fleißarbeit, aber so kommt man zu einem Dreieckstuch, das wirklich nur aus linken und rechten Maschen besteht.

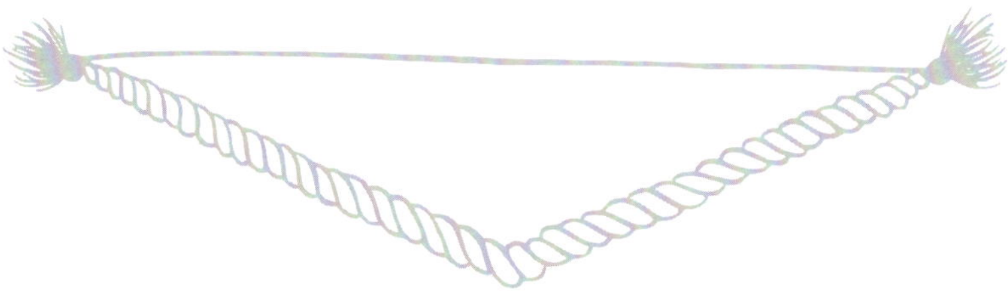

GARN
Schoppel Zauberwolle

FARBE
Alles Paletti

ANZAHL KNÄUEL
2

GRÖSSE
Länge 120 cm,
Breite 26 cm (an der Spitze)

NADEL
3,5 mm

MASCHENANSCHLAG
348 Maschen

ABKETTEN
Überzogen

ANMERKUNG

Das Tuch wird ohne Doppelmasche oder eine andere Technik für verkürzte Reihen gestrickt. Durch den verdrehten Anschlag werden die entstehenden kleinen Löcher verdeckt.

TIPP

Der verdrehte Rand sieht besonders hübsch aus, wenn man die ersten 10 Reihen in verschiedenen Farben strickt. Verlaufsgarne eignen sich hier auch sehr gut.

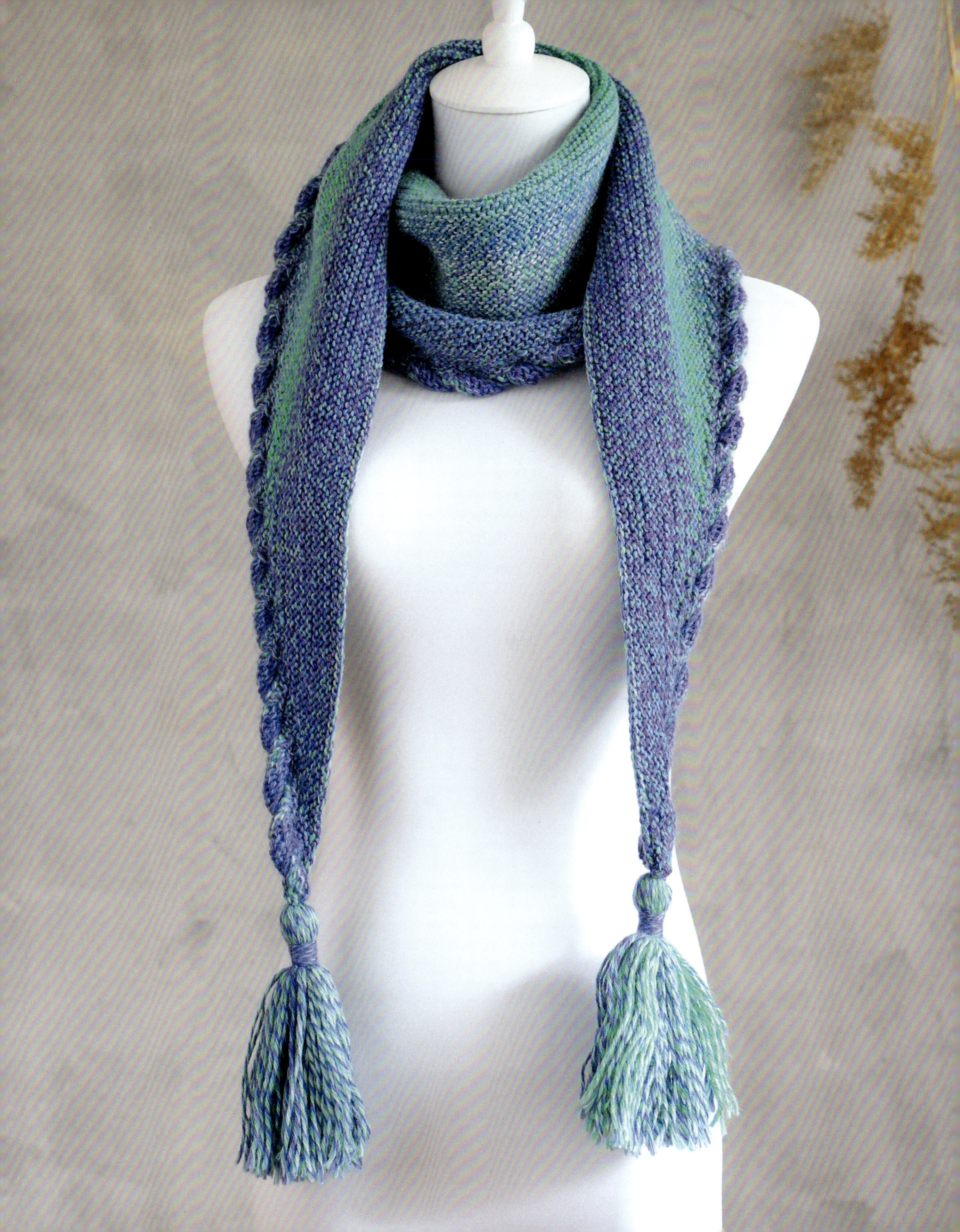

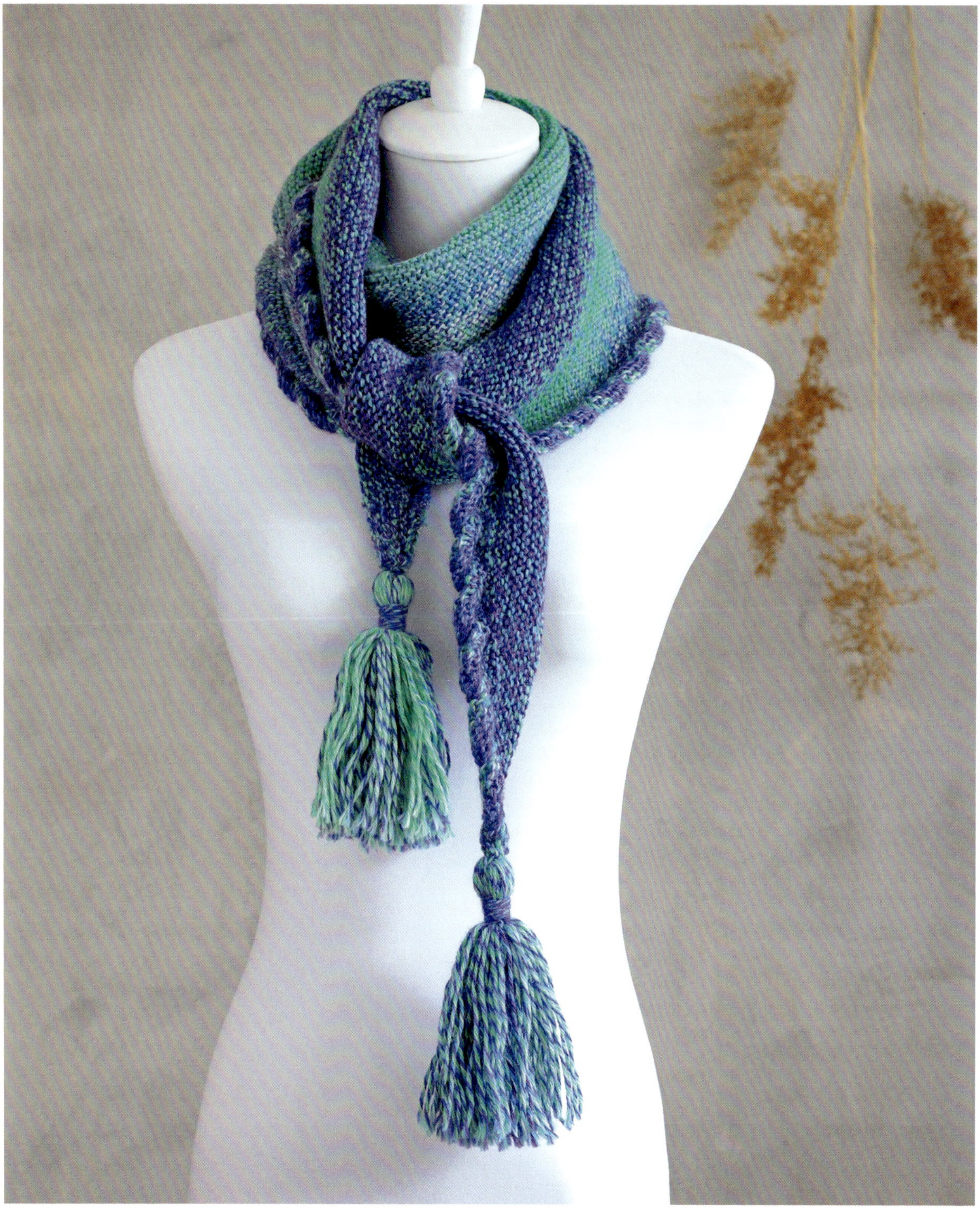

Strickanleitung

Das Grundmuster dieses Tuchs ist kraus rechts. Dazu wird in den Hinreihen und in den Rückreihen rechts gestrickt.

Beschreibung verdrehter Maschenanschlag (Reihe 1-12)

1. 348 Maschen anschlagen.
2. 10 Reihen kraus rechts stricken.
3. In der 11. Reihe 3 Maschen re stricken, dann die linke Nadel mit dem Strickstück um 360 Grad um die eigene Achse drehen (rote Linie).
4. 6 Maschen weiter stricken und wieder die linke Nadel um die eigene Achse drehen. So bis zum Ende fortfahren. Noch 3 Maschen rechts stricken.
5. Noch eine Reihe zurück stricken (=12 Reihen).

Beschreibung Tuch (kraus rechts)

1. 177 Maschen stricken (3 Maschen über die Mitte hinaus). Wenden und 6 Maschen stricken. Wenden.
2. In dieser Weise weiter stricken. Dabei jeweils 3 weitere Maschen vom verdrehten Anschlag dazu nehmen.
3. In dieser Weise weiter stricken, bis alle Maschen vom verdrehten Anschlag aufgebraucht sind.
4. Alle Maschen locker überzogen abketten. Fäden vernähen.

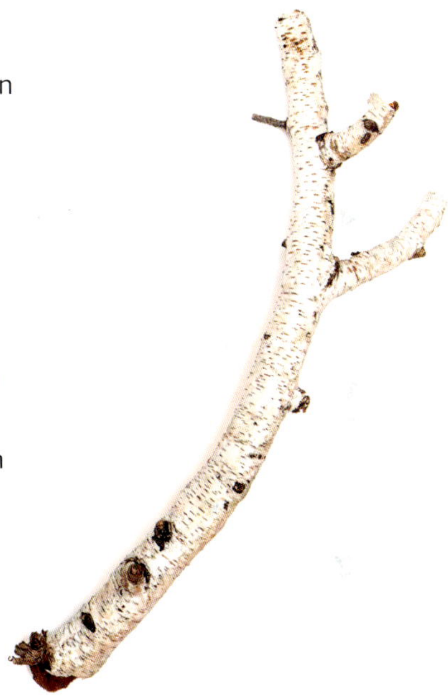

NOTIZEN

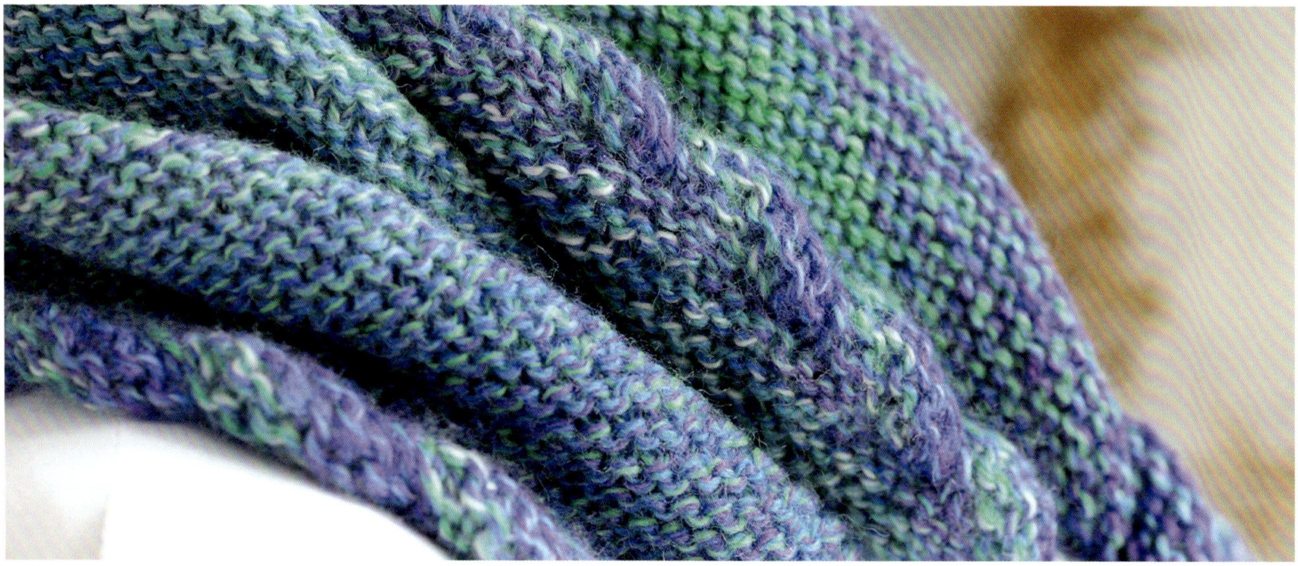

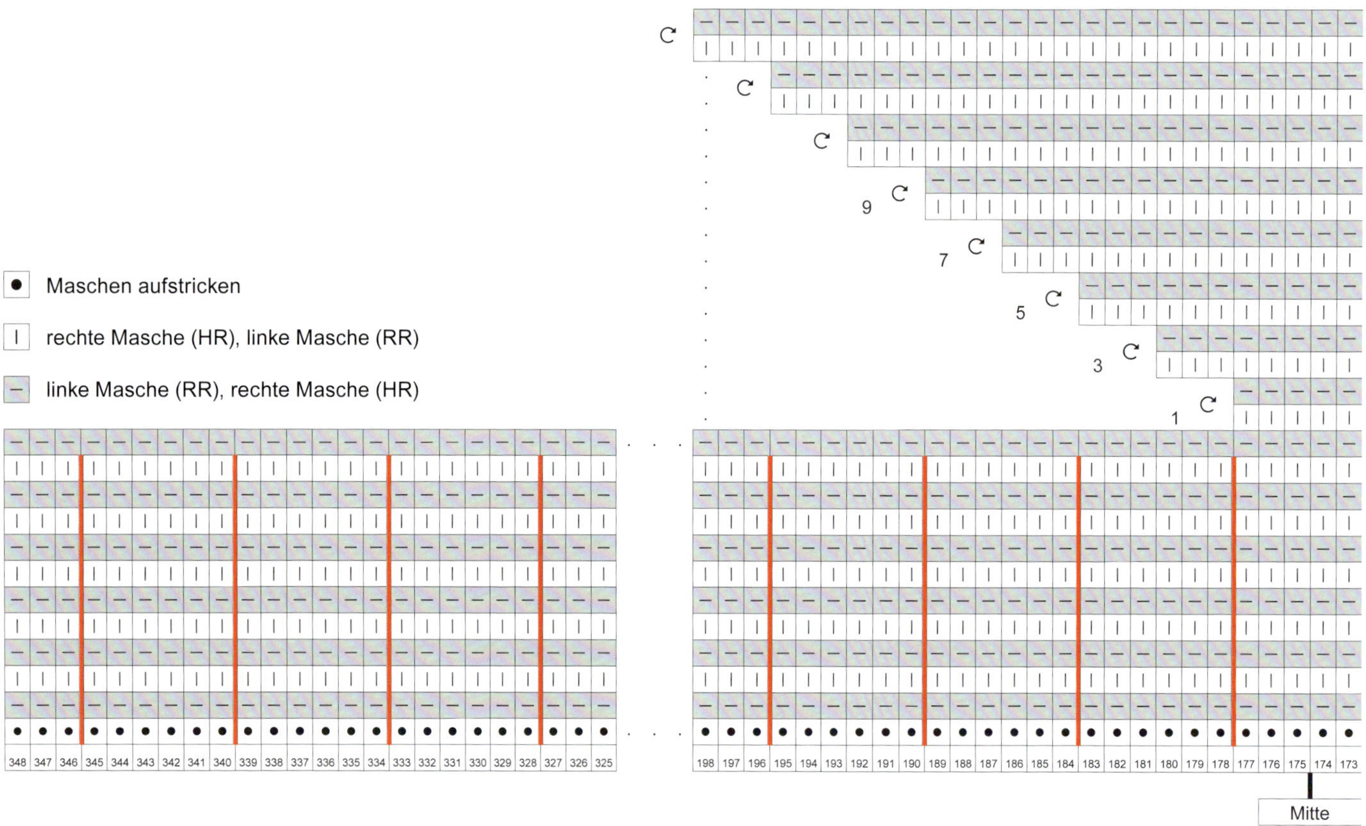

Maschen aufstricken
rechte Masche (HR), linke Masche (RR)
linke Masche (RR), rechte Masche (HR)
1
3
5
7
9
348 347 346 345 344 343 342 341 340 339 338 337 336 335 334 333 332 331 330 329 328 327 326 325
198 197 196 195 194 193 192 191 190 189 188 187 186 185 184 183 182 181 180 179 178 177 176 175 174 173
Mitte

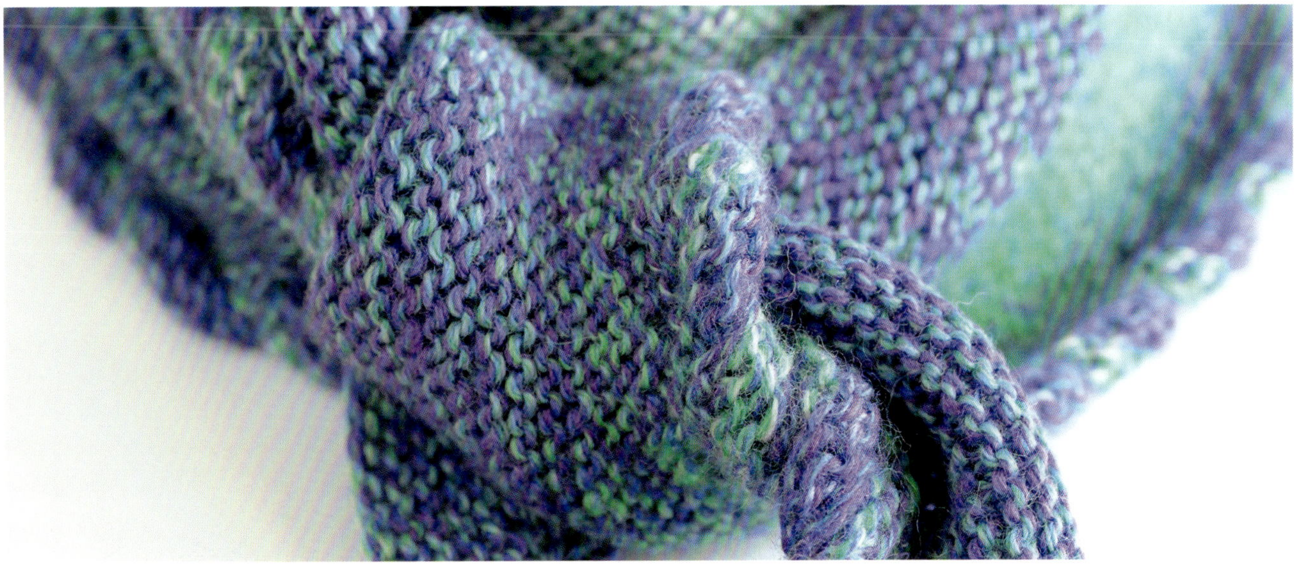

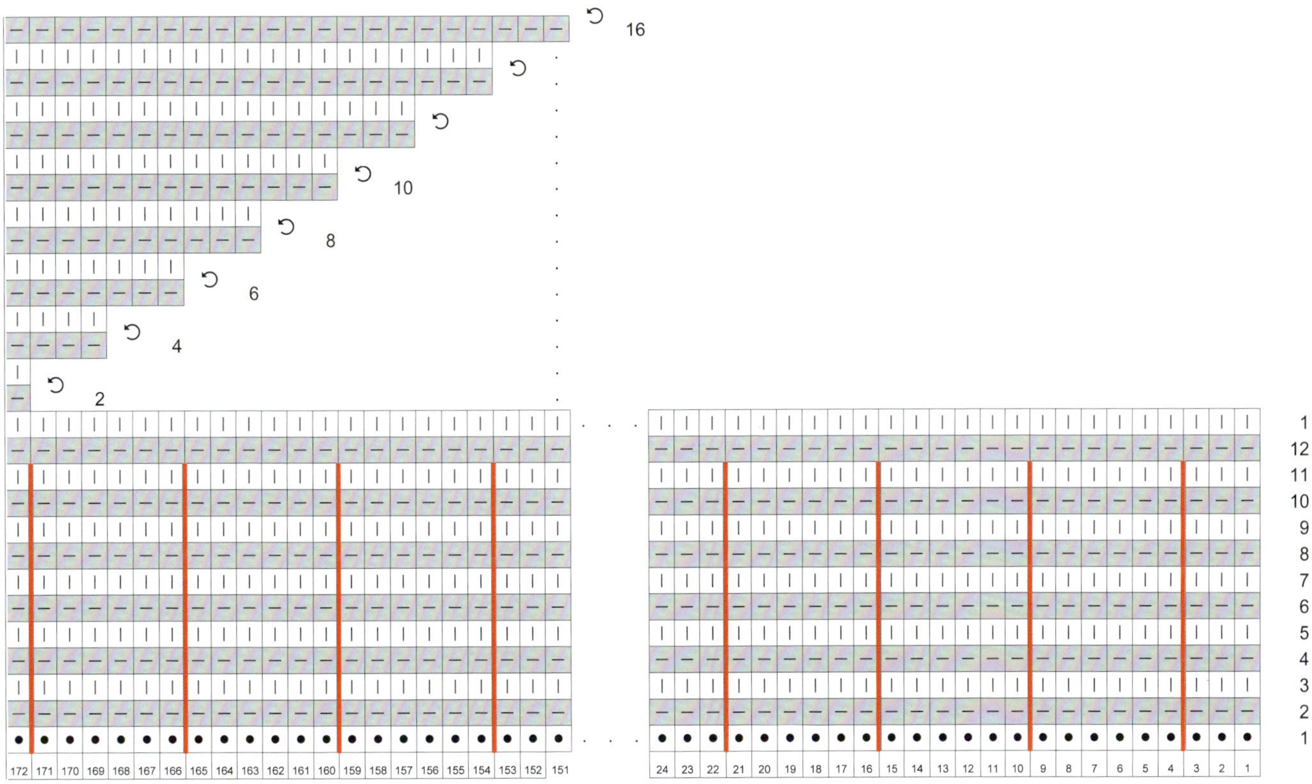
16
10
8
6
4
2
1
12
11
10
9
8
7
6
5
4
3
2
1
172 171 170 169 168 167 166 165 164 163 162 161 160 159 158 157 156 155 154 153 152 151
24 23 22 21 20 19 18 17 16 15 14 13 12 11 10 9 8 7 6 5 4 3 2 1

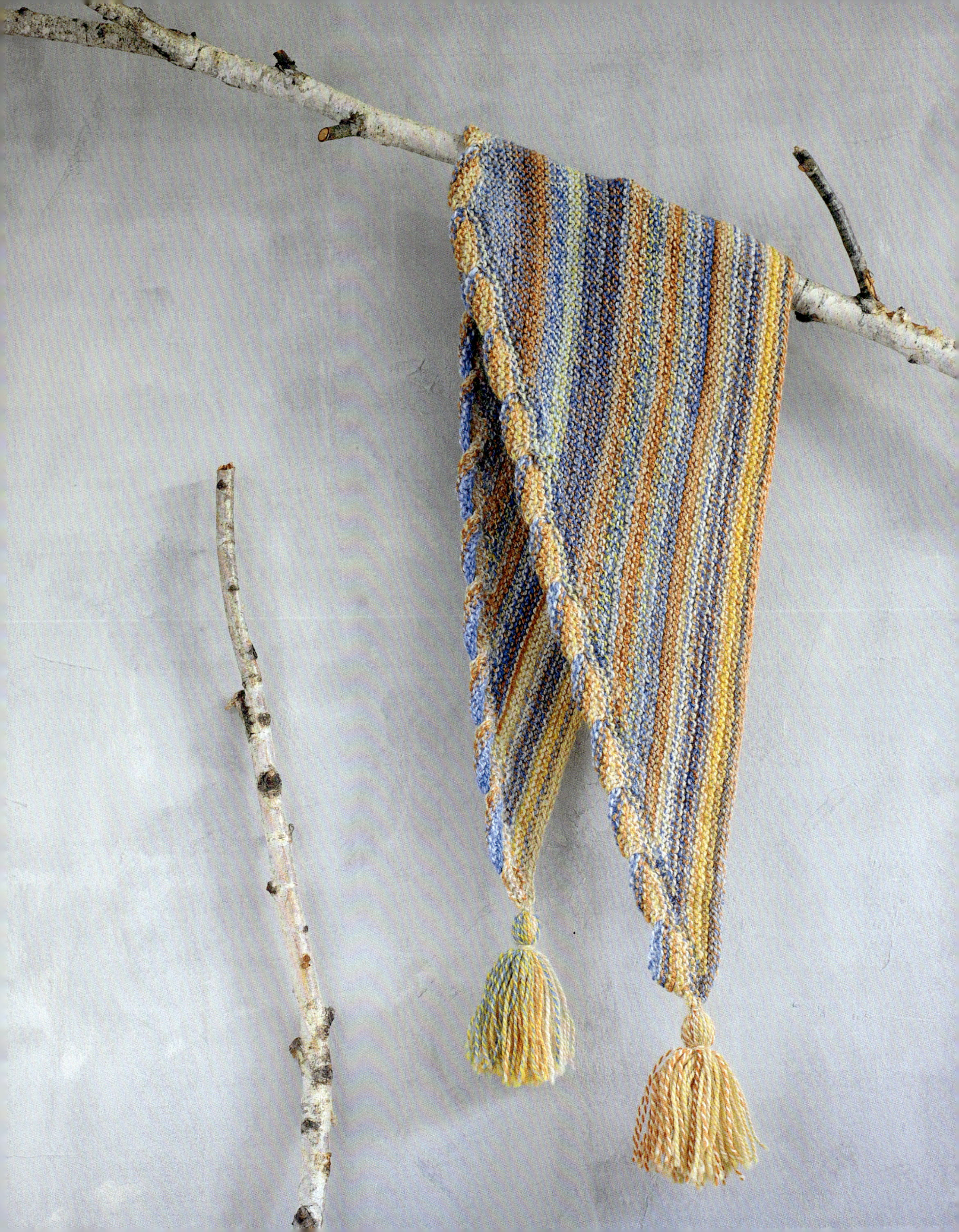

Verdreht No. 2

Dreieckstuch mit verdrehter Kante

Dies ist die kleinere Variante des Tuches No. 1 von Seite 42. Manchmal braucht man nur einen Farbtupfer über einer Jacke oder einem Pulli, dann ist das kleinere Tuch perfekt. Die verdrehte Kante macht das eigentlich schlichte Tuch zu etwas Besonderem. Weil das Grundmuster einfach kraus rechts gestrickt wird, wirkt das Tuch glatt, kann beidseitig getragen werden und man kann auch gut Verlaufsgarne dafür benutzen.

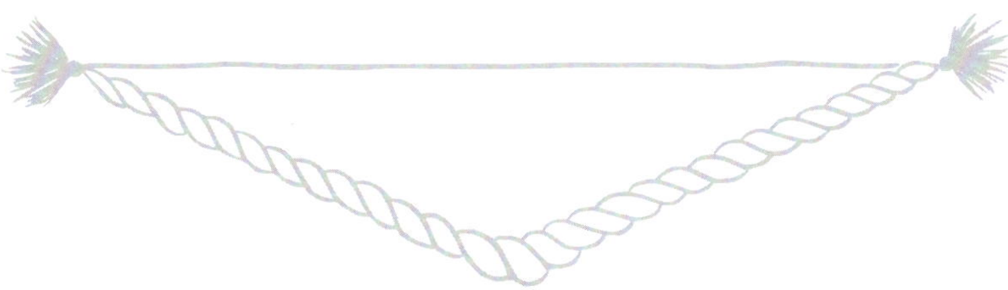

GARN
Schoppel Zauberball Edition 3

FARBEN
Strandcafe

ANZAHL KNÄUEL
2

GRÖSSE
Länge 102 cm,
Breite 26 cm (an Spitze)

NADEL
3,5 mm

MASCHENANSCHLAG
200 Maschen

ABKETTEN
Überzogen

ANMERKUNG

Das Tuch wird ohne Doppelmasche oder eine andere Technik für verkürzte Reihen gestrickt. Durch den verdrehten Anschlag werden die entstehenden kleinen Löcher verdeckt.

TIPP

Der verdrehte Rand sieht besonders hübsch aus, wenn man die ersten 10 Reihen in verschiedenen Farben strickt. Verlaufsgarne eignen sich hier auch sehr gut.

Strickanleitung

Das Grundmuster dieses Tuchs ist kraus rechts. Dazu wird in den Hinreihen und in den Rückreihen rechts gestrickt.

Beschreibung verdrehter Maschenanschlag

1. 200 Maschen anschlagen.
2. 10 Reihen kraus rechts stricken.
3. In der 11. Reihe 4 Maschen rechts stricken, dann die linke Nadel mit dem Strickstück um 360 Grad um die eigene Achse drehen (rote Linie).
4. 6 Maschen weiter stricken und wieder die linke Nadel um die eigene Achse drehen. So bis zum Ende fortfahren. Noch 4 Maschen rechts stricken.
5. Noch eine Reihe zurück stricken (= 12 Reihen).

Beschreibung Tuch (kraus rechts)

1. 102 Maschen stricken (2 Maschen über die Mitte hinaus). Drehen und 4 Maschen stricken. Drehen.
2. In dieser Weise weiter stricken. Dabei jeweils 2 weitere Maschen vom verdrehten Anschlag dazu nehmen.
3. In dieser Weise weiter stricken, bis alle Maschen vom verdrehten Anschlag aufgebraucht sind.
4. Alle Maschen locker überzogen abketten. Fäden vernähen.

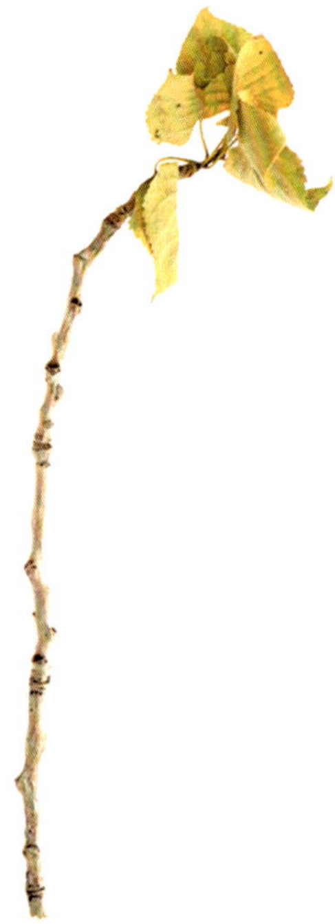

NOTIZEN

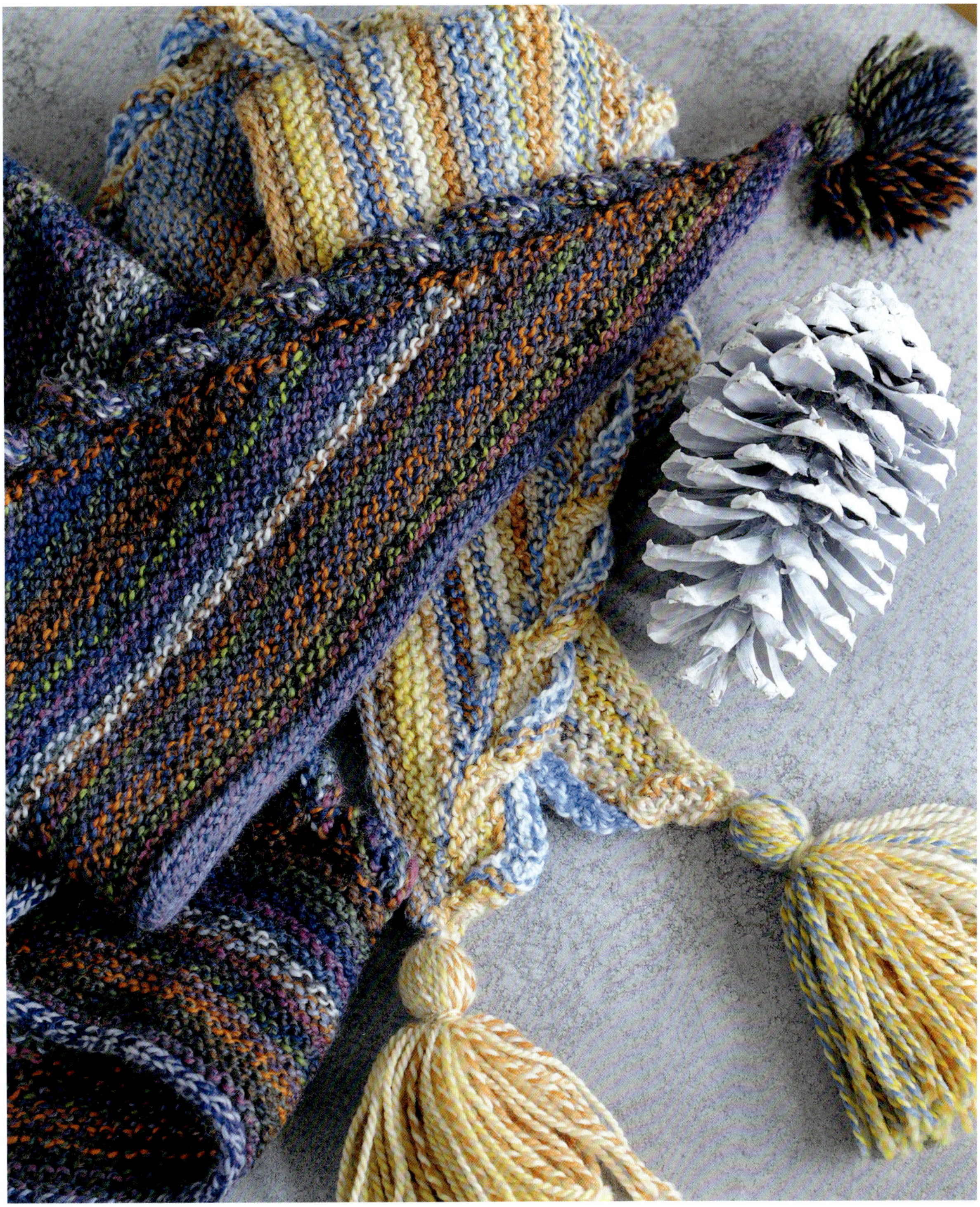

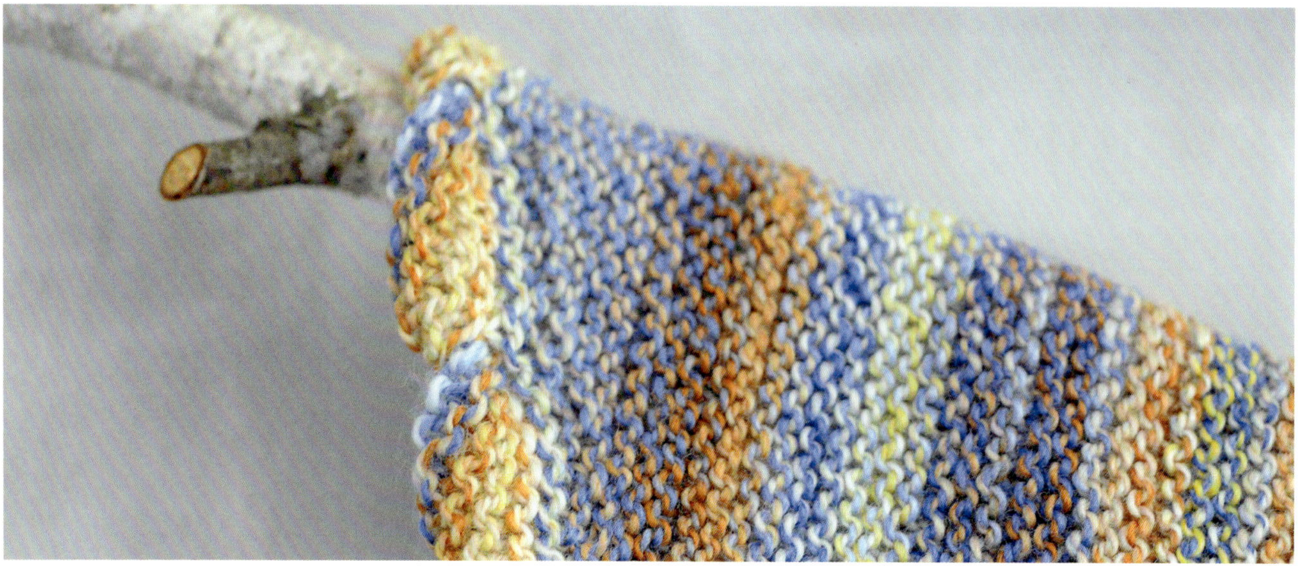

● Maschenanschlag

| rechte Masche (HR), linke Masche (RR)

– linke Masche (RR), rechte Masche (HR)

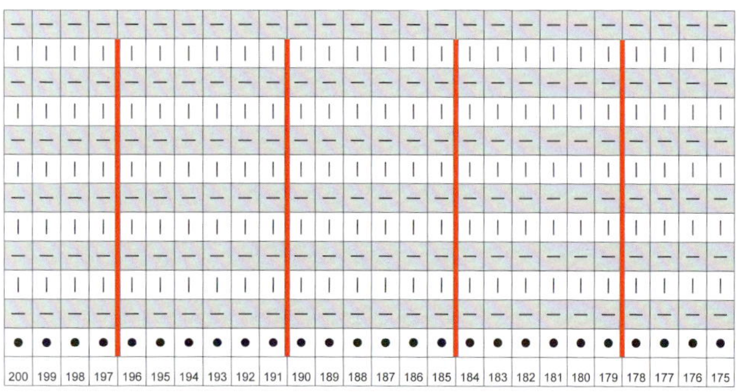

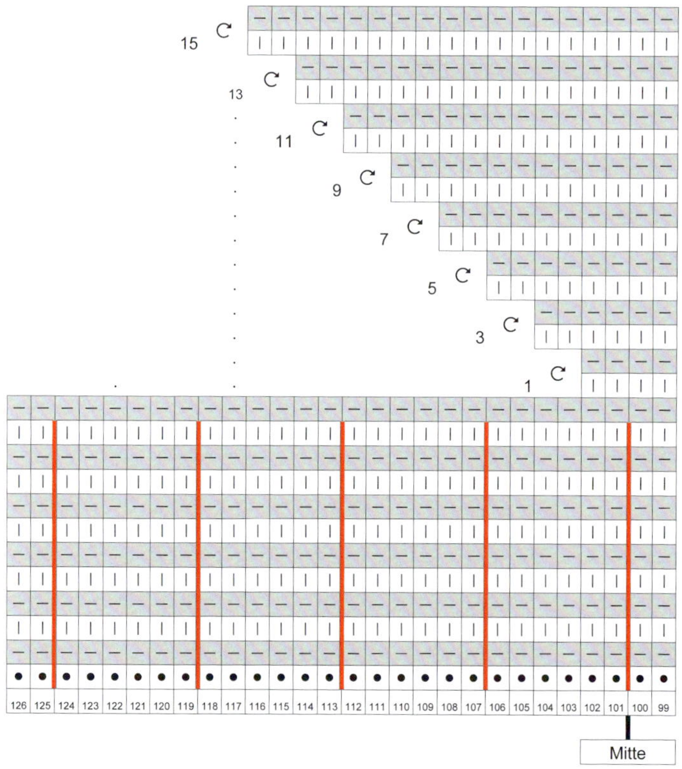

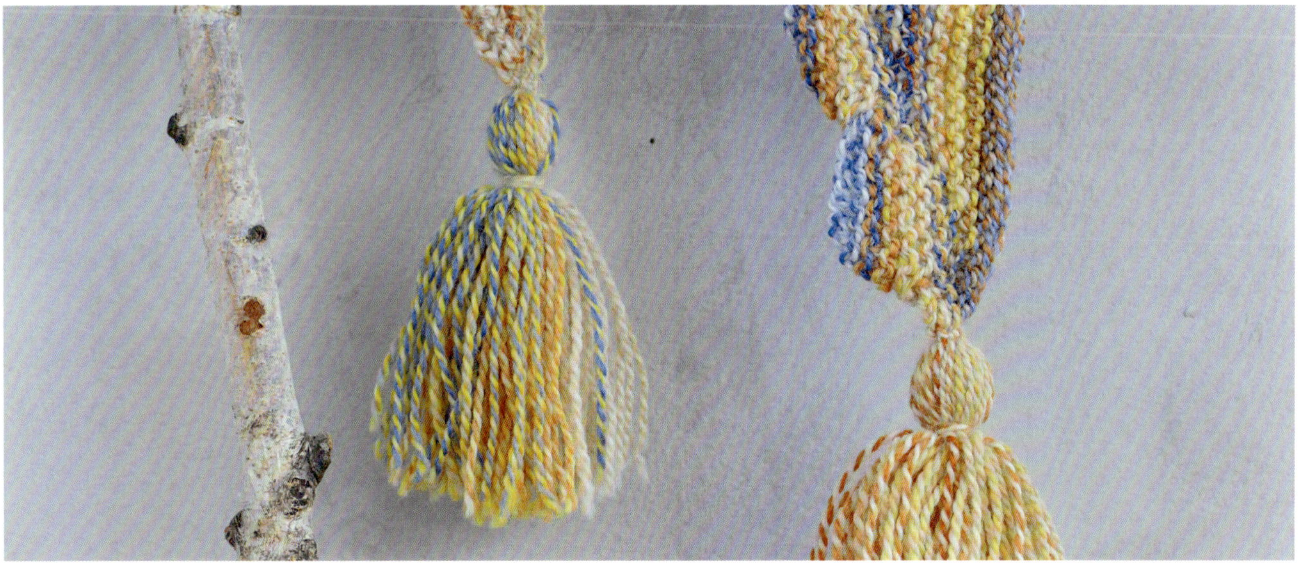

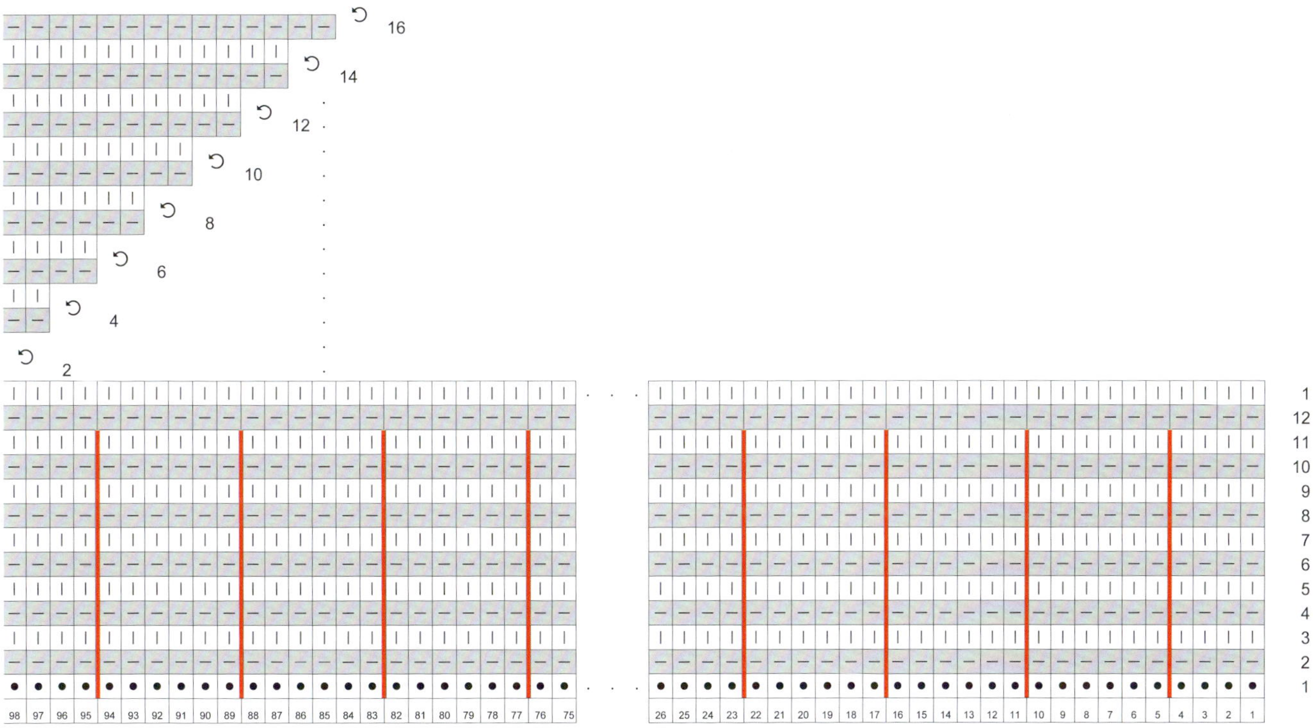

L wie Lieblingstuch

Tuch in L-Form

Auch wenn ich Dreieckstücher mag, hatte ich Lust, einmal ein Tuch zu stricken, das eine ausgefallenere Form hat. Die Form des L-Tuches ist nicht alltäglich und es lässt sich auf ganz verschiedene Arten tragen.

Das Muster gibt dem Tuch eine tolle Struktur und unterstreicht dabei die Form. Wer es gern etwas kleiner oder noch größer mag, kann leicht die Größe abändern. Und wer die Form mag, aber keine Lust auf das Muster hat, kann das Tuch einfach in kraus rechts stricken.

GARN
Kremke Soul Wool Bebe Soft

FARBEN
Farbe A: Mais,
Farbe B: Babyblau,
Farbe C: Silbergrau

ANZAHL KNÄUEL
A: 3, B: 2, C: 2

GRÖSSE
Breite 71 cm, 28 cm,
Länge 180 cm

NADEL
3,5 mm

MASCHENANSCHLAG
159 Maschen

ABKETTEN
Überzogen

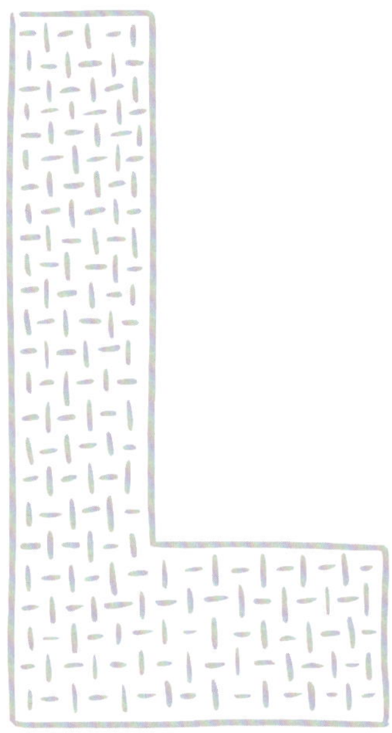

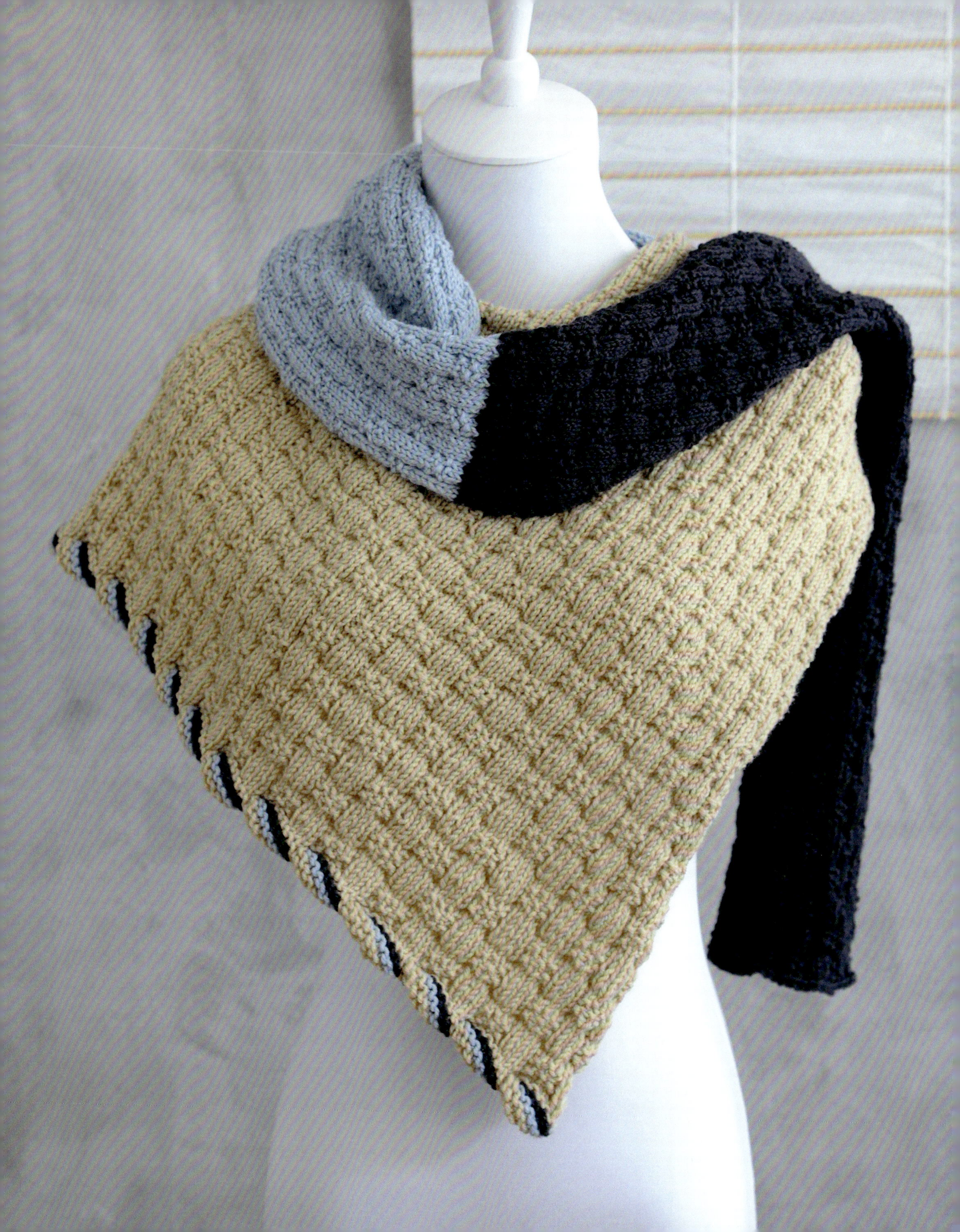

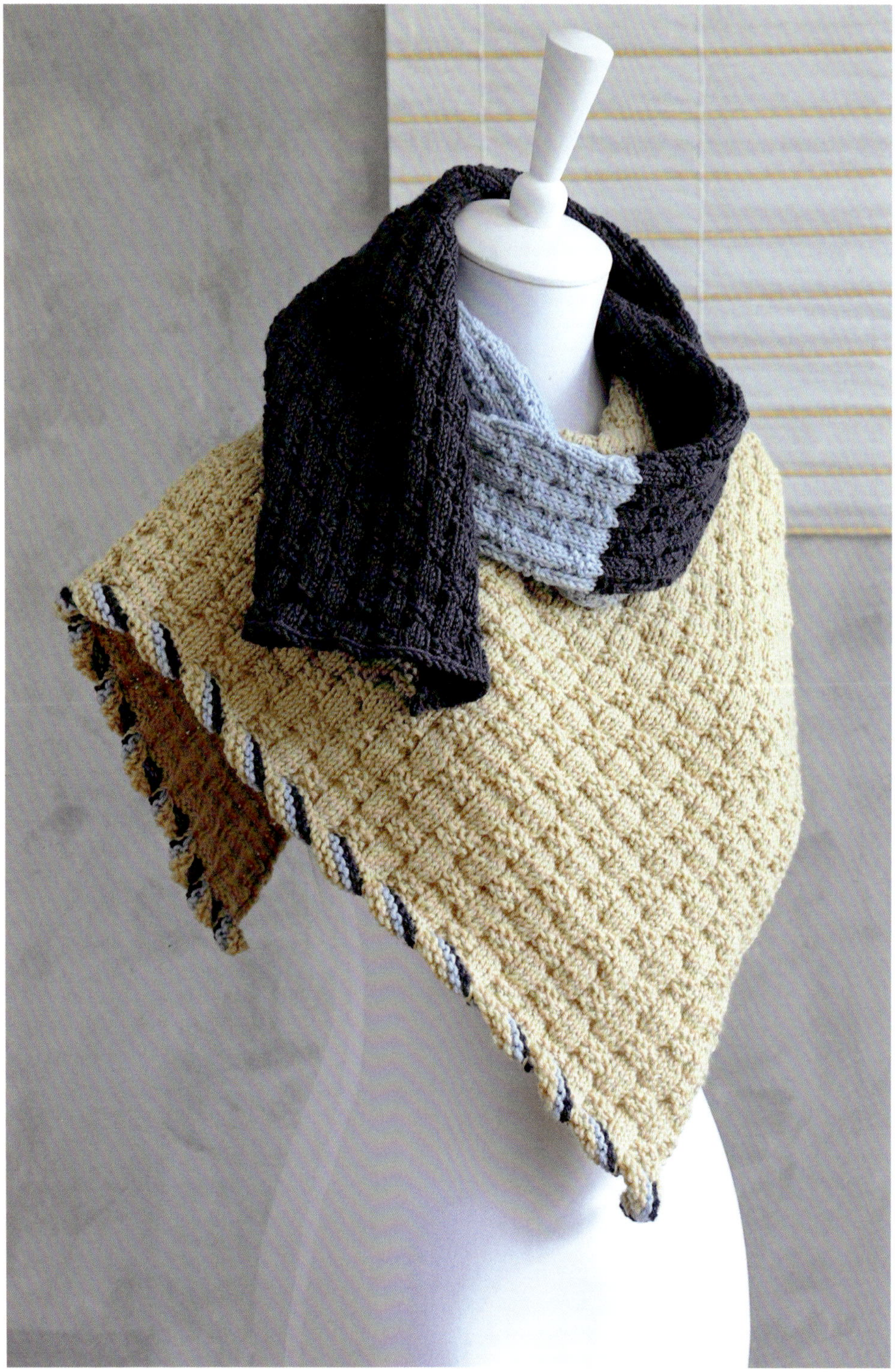

Strickanleitung

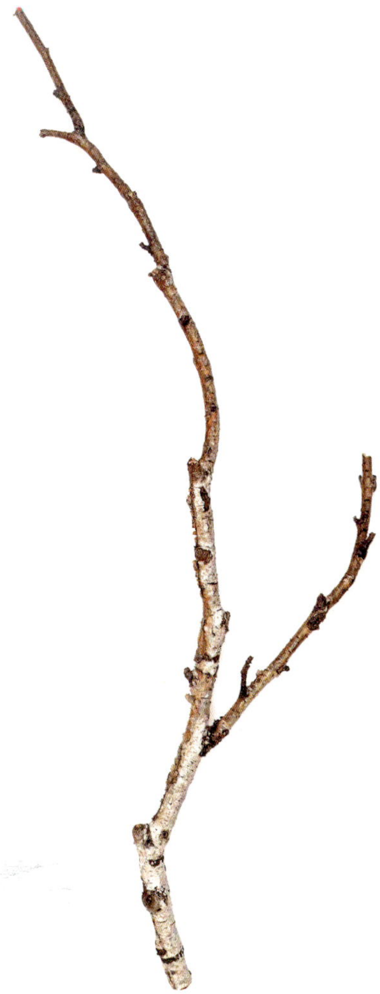

Beschreibung verdrehter Maschenanschlag

1. 159 Maschen in Farbe A anschlagen.
2. 4 Reihen kraus rechts in Farbe A, 2 Reihen in Farbe B, 2 Reihen in Farbe C und 2 Reihen in Farbe A stricken.
3. In der 11. Reihe 4 Maschen rechts stricken, dann die linke Nadel mit dem Strickstück um 360 Grad um die eigene Achse im Uhrzeigersinn drehen (rote Linie).
4. 8 Maschen im Muster weiter stricken und wieder die linke Nadel um die eigene Achse drehen. So bis zum Ende fortfahren. Noch 3 Maschen stricken.
5. Noch eine Reihe rechte Maschen zurück stricken (= 12 Reihen).

Beschreibung Tuch

1. Für den Rand rechts und links je 3 Maschen glatt rechts stricken.
2. Im Grundmuster (roter Kasten) weiter stricken.
3. In Reihe 108 (RR) 88 Maschen abketten.
4. Im Grundmuster weiter stricken. Nach 36 Reihen zur Farbe B wechseln.
5. Im Grundmuster weiter stricken. In Reihe 216 zur Farbe C wechseln.
6. Im Grundmuster weiterstricken. Ist die gewünschte Länge erreicht, alle Maschen locker überzogen abketten. Fäden vernähen.

Ich passe den Farbwechsel den jeweiligen Garnmengen an. Für eine oder zwei fehlende Reihen beginne ich kein neues Knäuel. Daher kann sich die Anzahl der Reihen verändern.

NOTIZEN

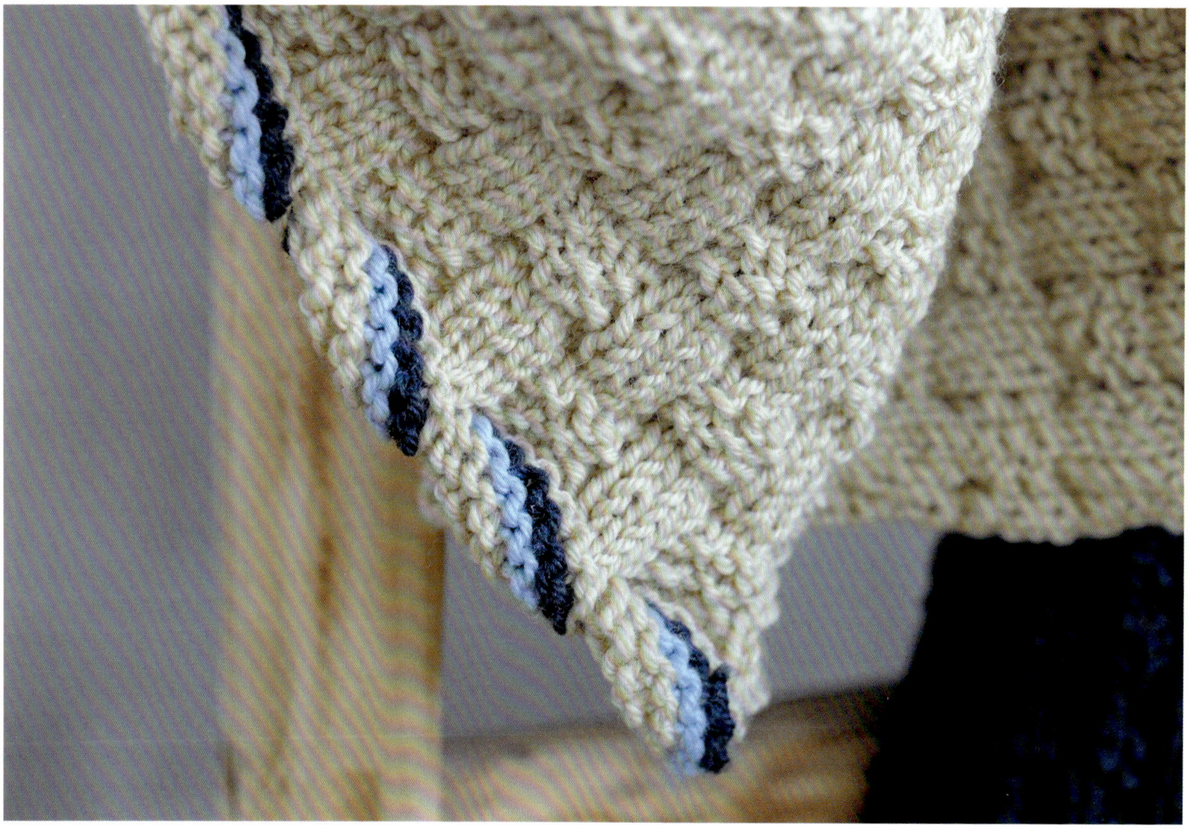

Strickmuster Tuch

Reihe

Rh 1-12 für den verdrehten Maschenanschlag stricken. Dann weiter mit Reihe 1 des Tuches (siehe Chart Seite 59).

1 (HR) 3 M re, 1 M li, *3 M re, 2 M li, 1 M re, 2 M li*. Von * - * bis Rh Ende wiederholen.
2 (RR) 3 M li, *1 M re, 1 M li, 1 M re, 1 M li, 1 M re, 3 M li*. Von * - * bis Rh Ende wiederholen.
3 (HR) 3 M re, 1 M li, *3 M re, 2 M li, 1 M re, 2 M li*. Von * - * bis Rd Ende wiederholen.
4 (RR) 3 M li, *1 M re, 1 M li, 1 M re, 1 M li, 1 M re, 3 M li*. Von * - * bis Rh Ende wiederholen.
5 (HR) Alle M re stricken.
6 (RR) Alle M li stricken.

Diese 6 Reihen bilden das Grundmuster und werden immer wiederholt.

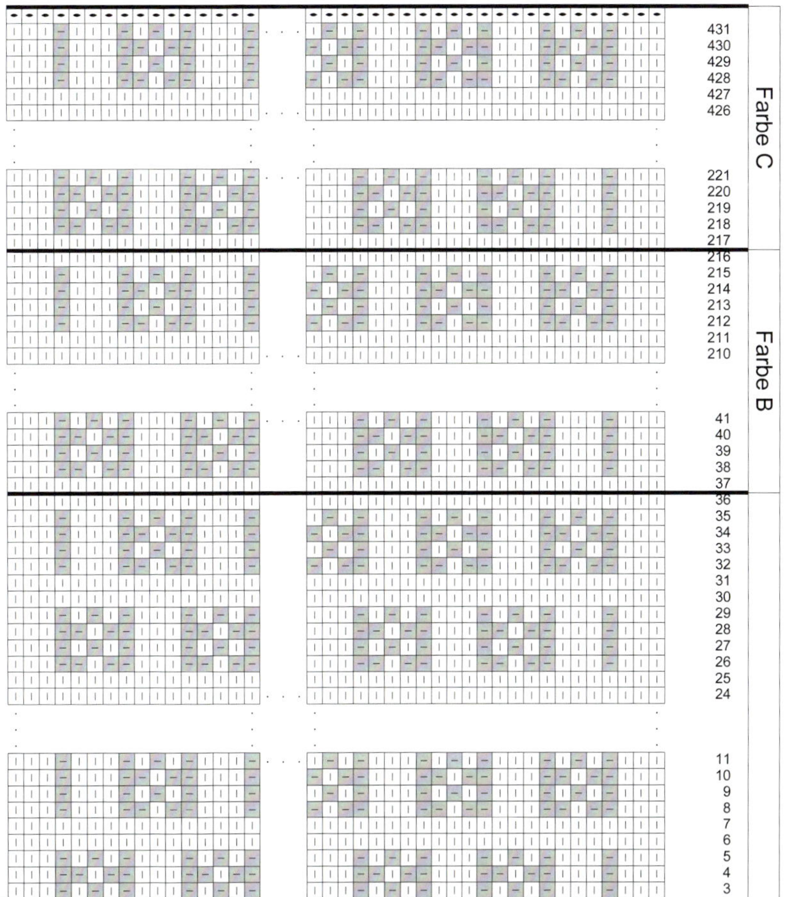

- Maschen abketten
- Maschenanschlag
- | rechte Masche (HR), linke Masche (RR)
- — linke Masche (RR), rechte Masche (HR)

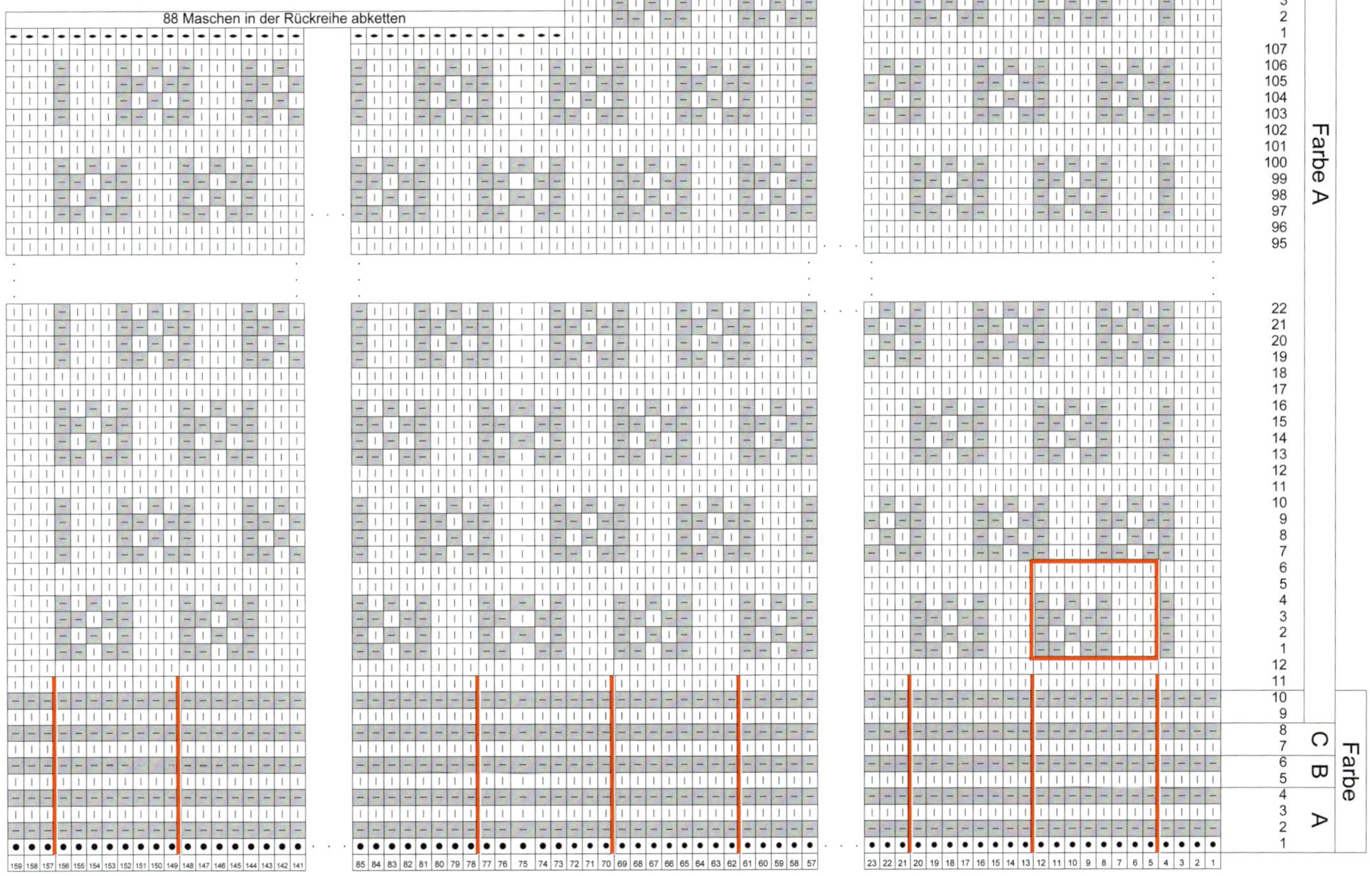

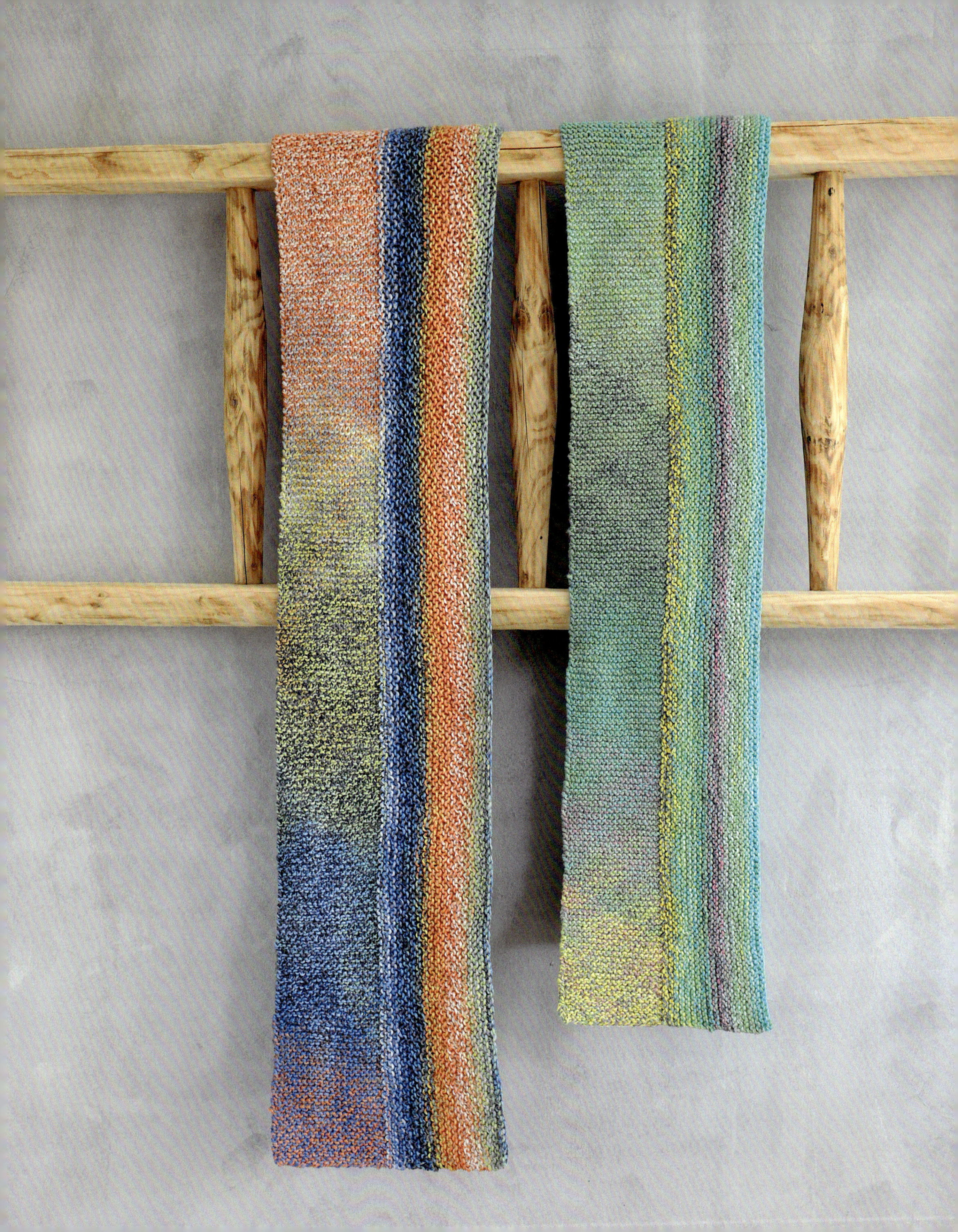

Kreuz und quer

Schal im kraus-rechts-Muster

Dieses Stück begeistert mich im Moment besonders, weil es so einfach zu stricken ist, aber Spaß macht und witzig aussieht. Das kraus rechte Muster macht es leicht, die Maschen aus dem Rand aufzunehmen.

Die Idee zu dem Schal kam mir beim Sockenstricken. Da nehme ich für die Ferse auch immer am Rand aus den kraus rechten Maschen neue Maschen auf. Weil ich die Technik so einfach, aber hübsch anzusehen fand, habe ich daraus einen Schal entwickelt. Ich finde, je origineller die Garnfarben, desto mehr wirkt hier das Muster. Weil man es ohne Strickschrift stricken kann, eignet es sich besonders gut als Projekt für unterwegs.

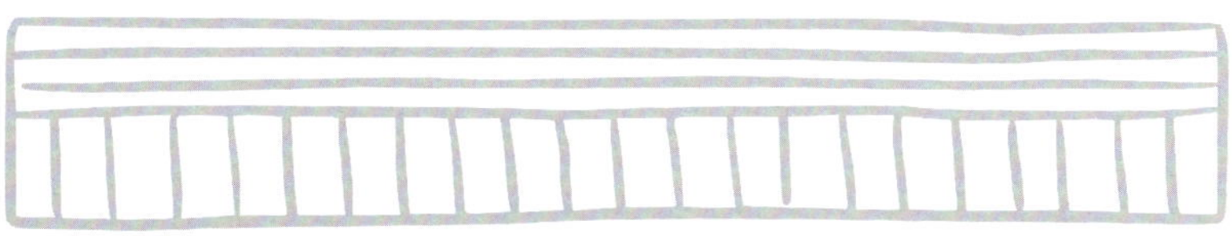

GARN
Schoppel Zauberball Crazy Cotton

FARBEN
Version 1: Erntezeit,
Version 2: Zaubermärchen

ANZAHL KNÄUEL
2

GRÖSSE
Breite 16 cm, Länge: 155 cm

NADEL
Stricknadeln und Rundstricknadeln (100 - 120 cm) 3,5 mm

MASCHENANSCHLAG
20 Maschen

ABKETTEN
Überzogen

TIPP

Es lohnt sich, nach dem ersten Knäuel die Maschenprobe zu ermitteln. Daraus dann die Länge über alle Maschen des quer gestrickten Stückes errechnen. Gegebenenfalls dann die Nadelstärke größer oder kleiner wählen, damit sich das Strickstück nicht wellt.

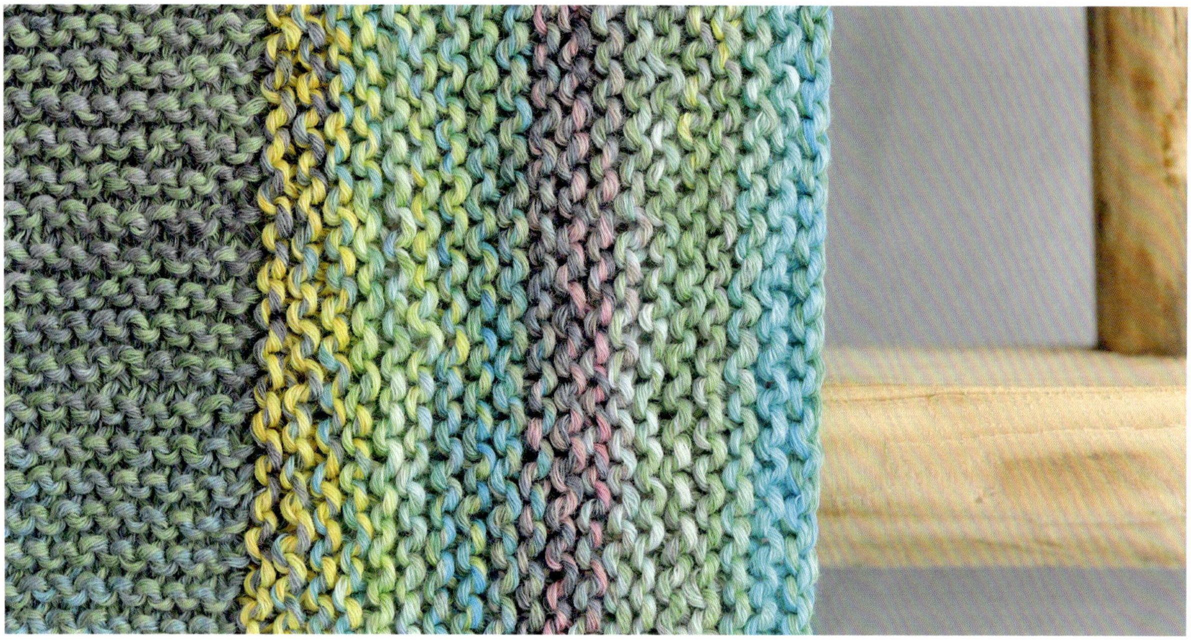

Strickanleitung

Das Grundmuster ist kraus rechts. In allen Reihen werden also rechte Maschen gestrickt.

Beschreibung

1. 20 Maschen anschlagen. Mit dem ersten Knäuel kraus rechts stricken.
2. Die Maschen abketten. Es bleibt eine Masche am Ende übrig. Faden nicht durchziehen.
3. Mit einer langen Rundstricknadel die äußere Schlaufe der letzten linken Masche am Rand aufnehmen. Also jeweils eine Masche für 2 Reihen kraus rechts.
4. Jetzt über alle Maschen (und die eine Masche der Abbahme) mit dem zweiten Knäuel quer zum ersten Stück weiterstricken.
5. Alle Maschen locker überzogen abketten.
6. Alle Fäden vernähen.

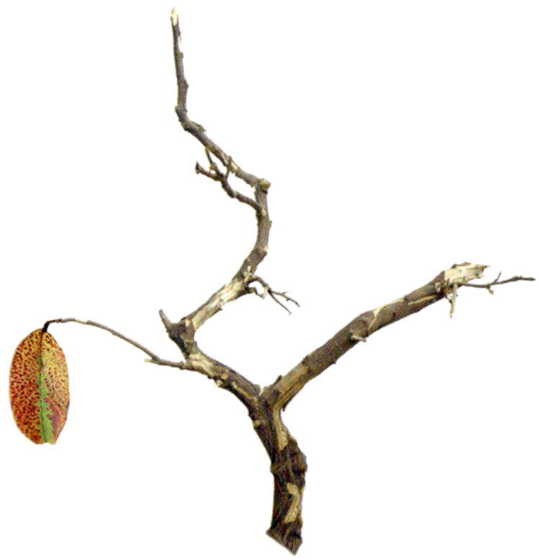

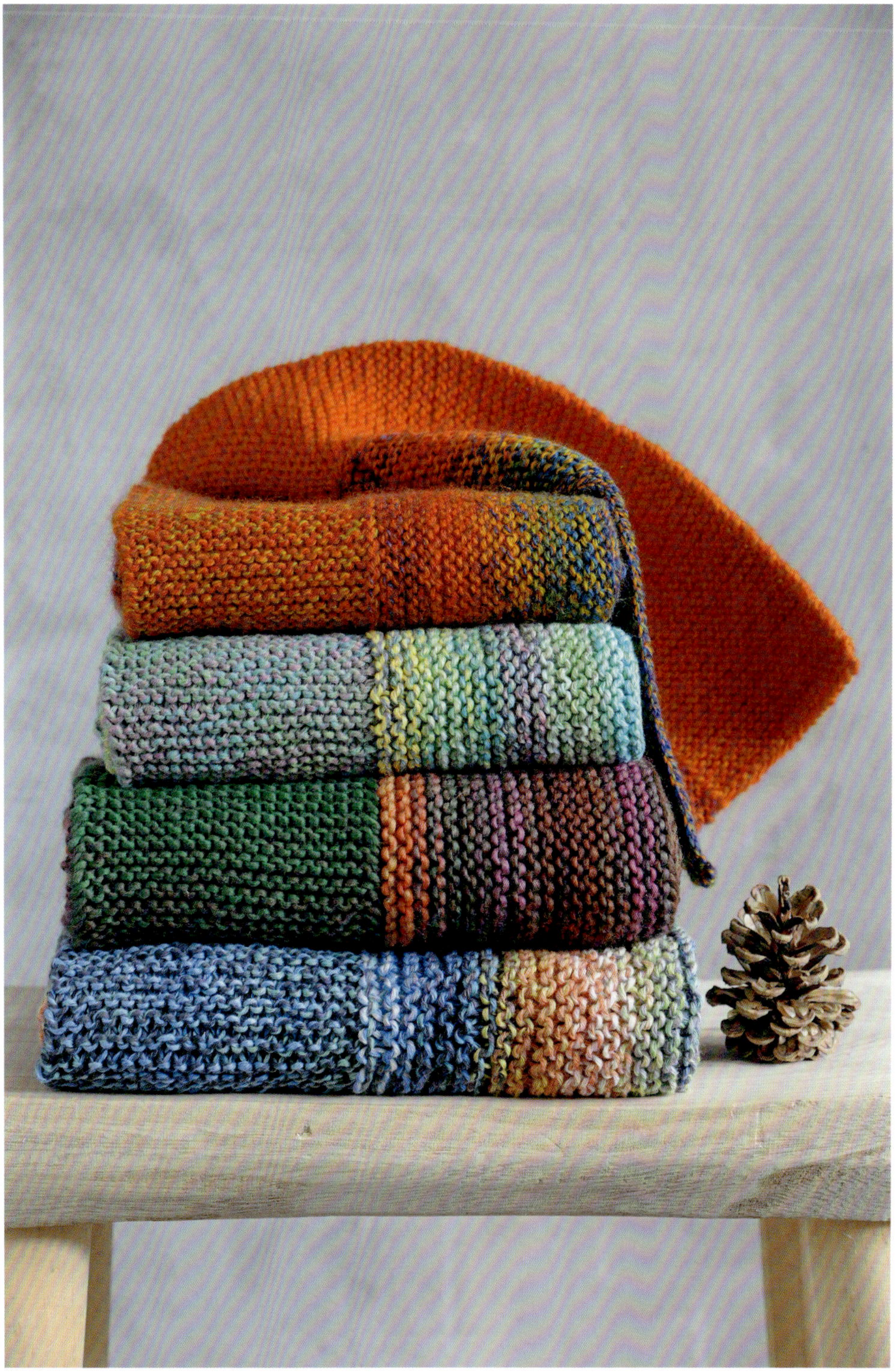

Wellen

Loop mit Wellenmuster

GARN
Schoppel Zauberwolle

FARBE
Aldebaran

ANZAHL KNÄUEL
2

GRÖSSE
Breite 16 cm, Umfang 140 cm

NADEL
3,5 mm

MASCHENANSCHLAG
290 Maschen

ABKETTEN
Überzogen

Wenn ich in meinen Strickkursen Schüler:innen habe, die noch nie gestrickt haben, dann benutze ich dieses Muster, um ihnen das Stricken beizubringen. Obwohl es so ein einfaches Muster ist, gefällt mir der Loop immer wieder gut.

Für mich ist es das perfekte Projekt, um abends abzuschalten, weil man dabei nicht viel nachdenken muss. So kann man zum Beispiel gemütlich beim Fernsehen nebenbei ein Geschenk für jemanden stricken.

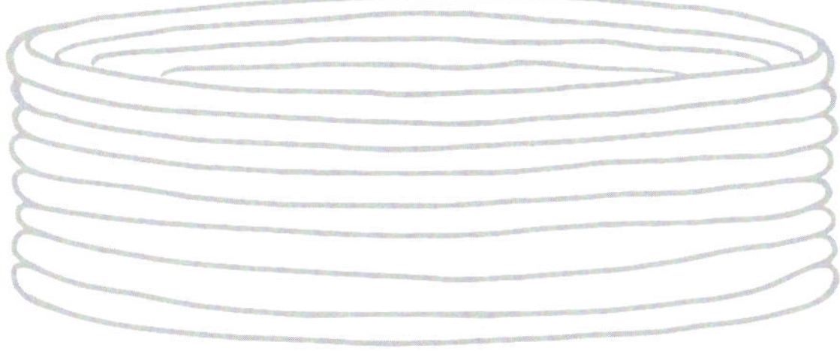

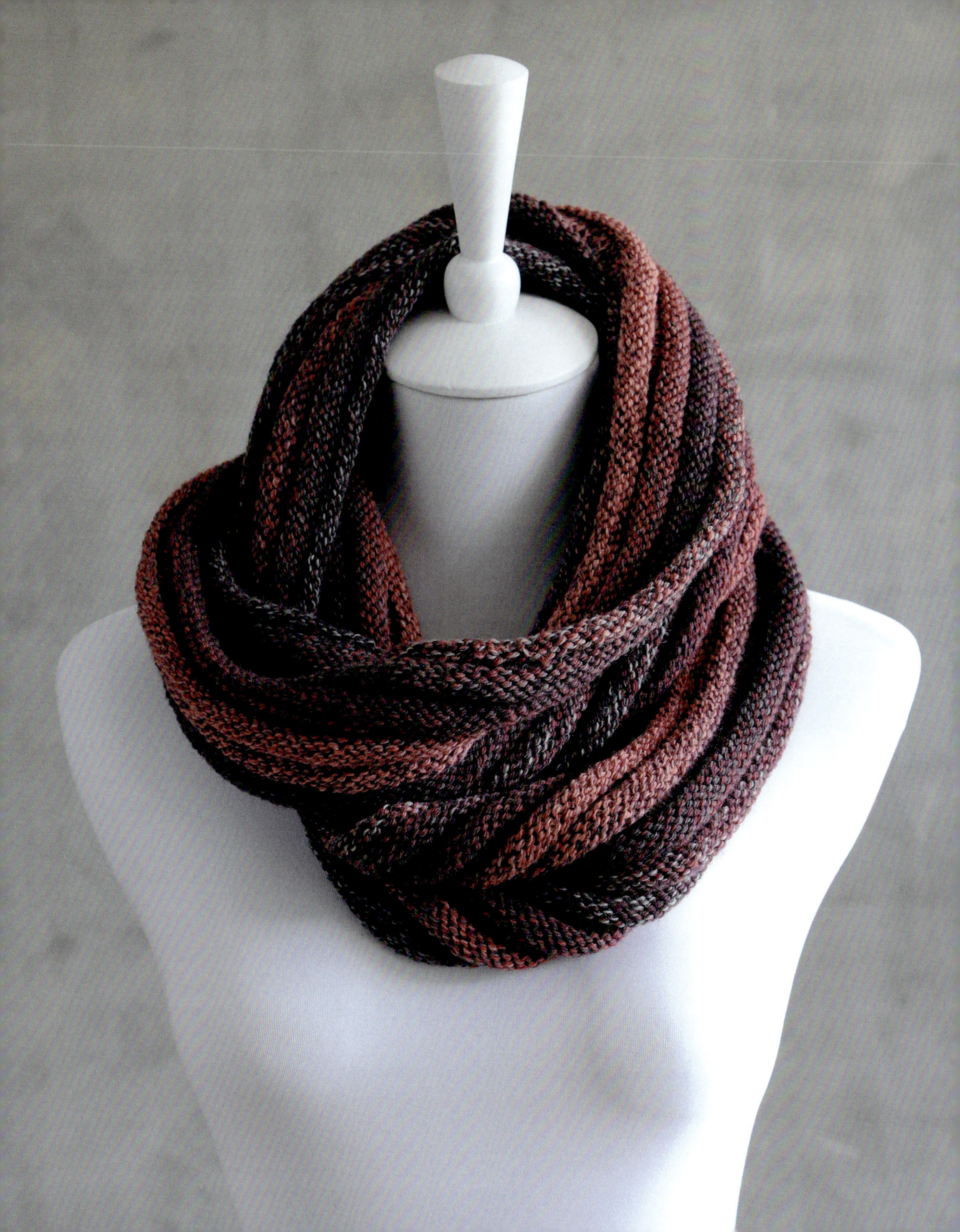

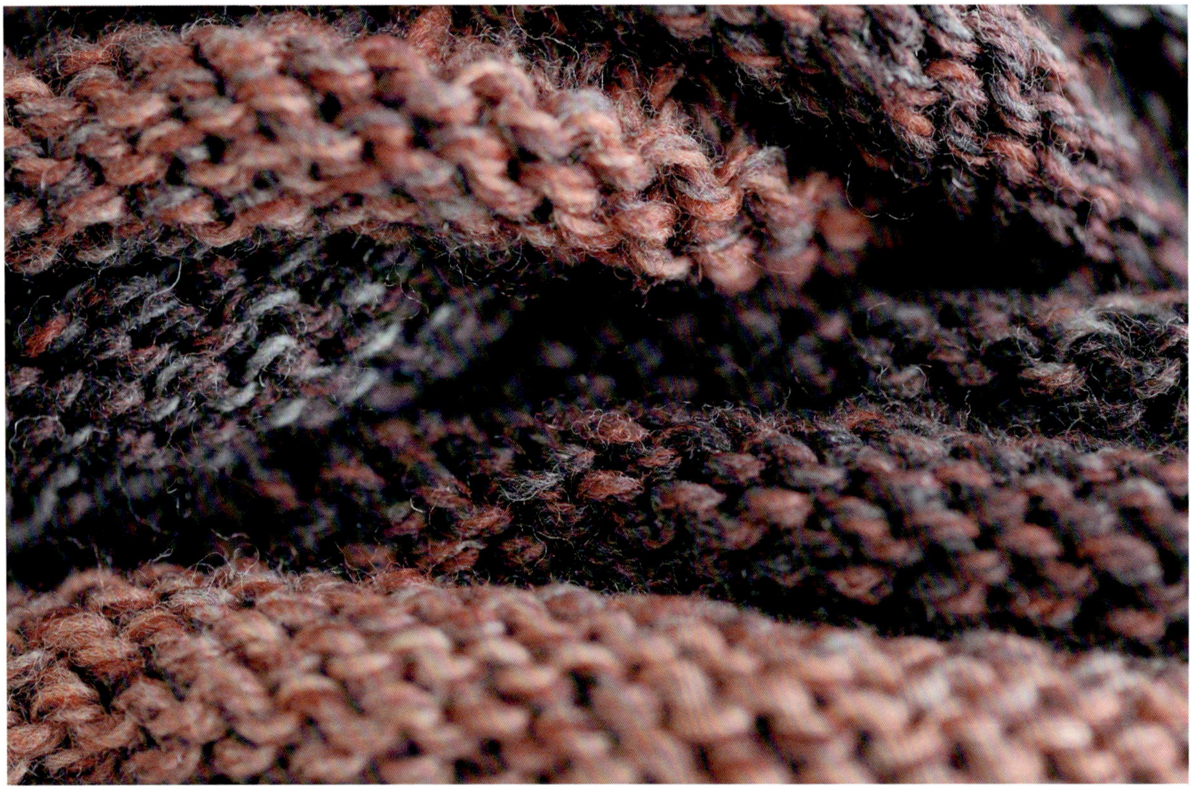

Strickanleitung

Das Grundmuster besteht aus 5 Runden rechter Maschen und anschließend 5 Runden linker Maschen.

Beschreibung

1. 290 Maschen anschlagen. Zur Runde schließen.
2. Das Grundmuster insgesamt 10 mal stricken (100 Runden).
3. Alle Maschen locker überzogen abketten.
4. Alle Fäden vernähen.

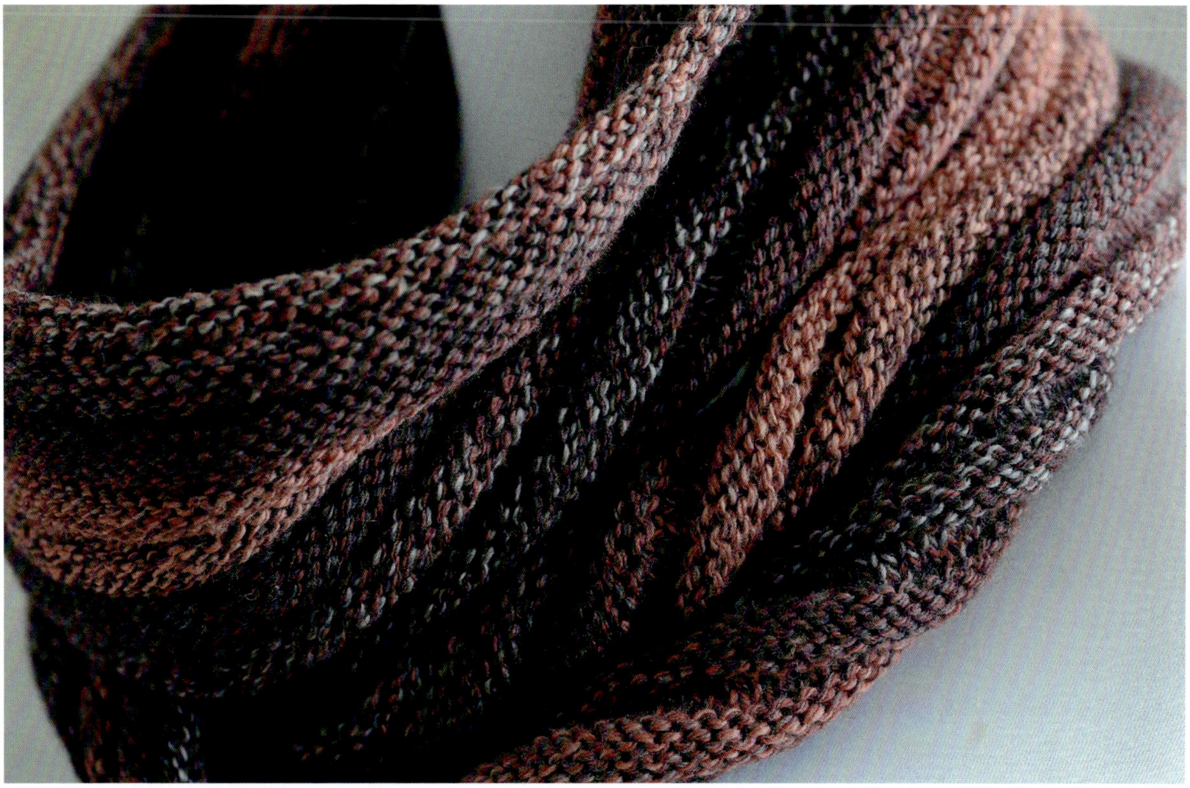

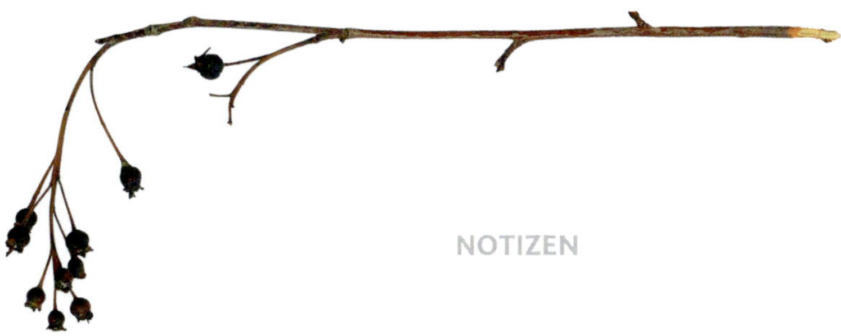

NOTIZEN

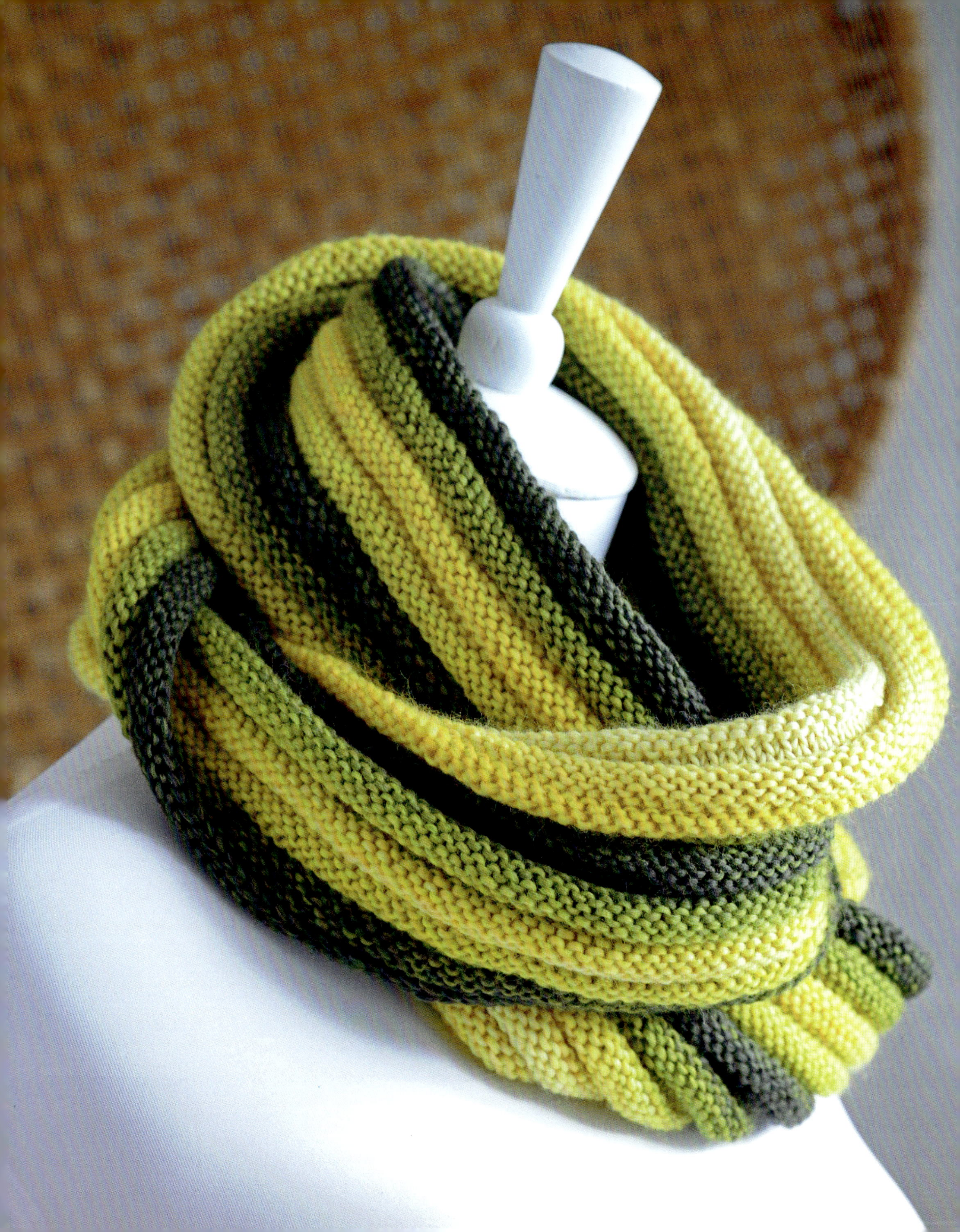

Falscher Möbius

Verdrehter Loop mit Wellenmuster

GARN
Schoppel Gradient

FARBE
Vitamin C

ANZAHL KNÄUEL
2

GRÖSSE
Breite 16 cm, Umfang 140 cm

NADEL
4 mm

MASCHENANSCHLAG
270 Maschen

ABKETTEN
Überzogen

Die Idee zu diesem Loop hatte ich in einem meiner Kurse. Einigen meiner Strickschüler:innen ist beim Stricken dieser „Fehler“ passiert. Sie haben beim „zur Runde schließen“ eines Loops aus Versehen den Maschenanschlag verdreht. Dadurch entsteht ganz von selbst ein falscher Möbius. Man kann diese Technik natürlich auch ganz bewusst anwenden und so einen interessanten Loop stricken.

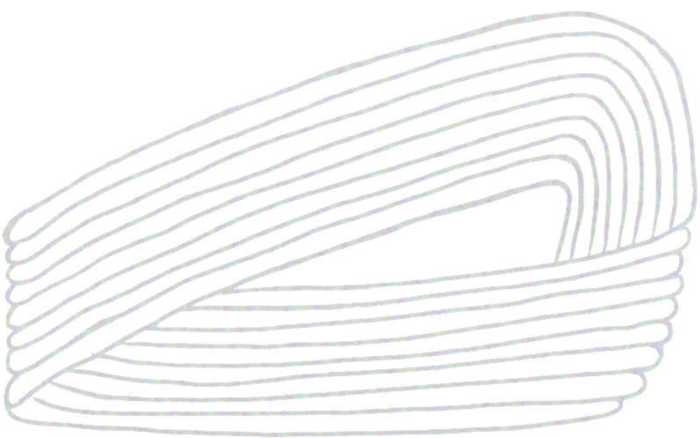

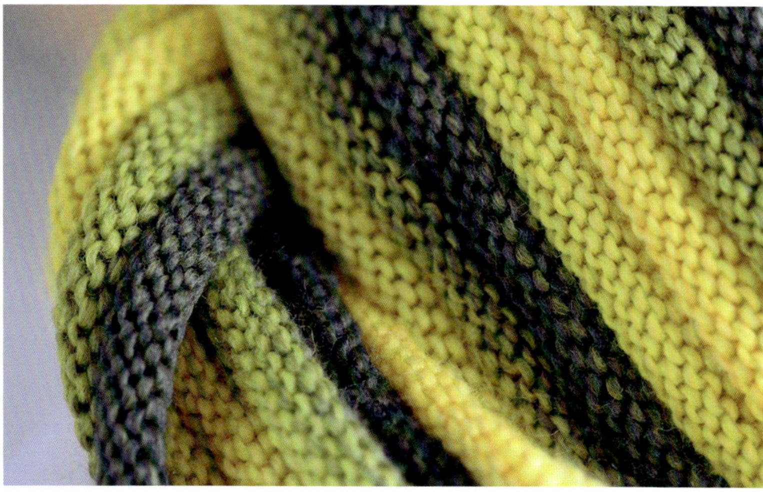

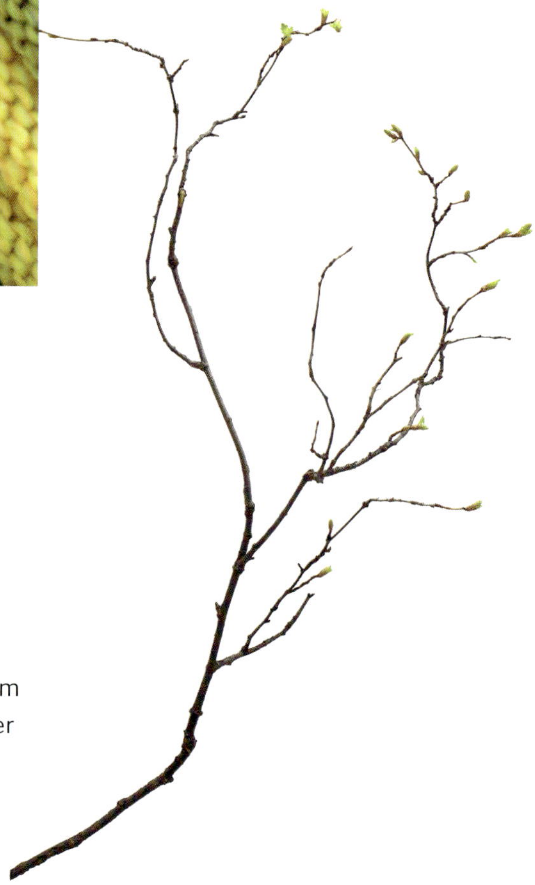

Strickanleitung

Das Grundmuster besteht aus 5 Runden rechter Masche und anschließend 5 Runden linker Maschen.

Beschreibung

1. 290 Maschen anschlagen.
2. Den Maschenanschlag einmal verdrehen (Am Rundenanfang liegen die Maschen mit der Schlinge oberhalb auf der Nadel, am Rundenende liegen die Maschen mit Schlinge unterhalb auf der Nadel) und zur Runde schließen.
3. Das Grundmuster insgesamt 9 mal stricken (90 Runden).
4. Alle Maschen locker überzogen abketten.
5. Fäden vernähen.

NOTIZEN

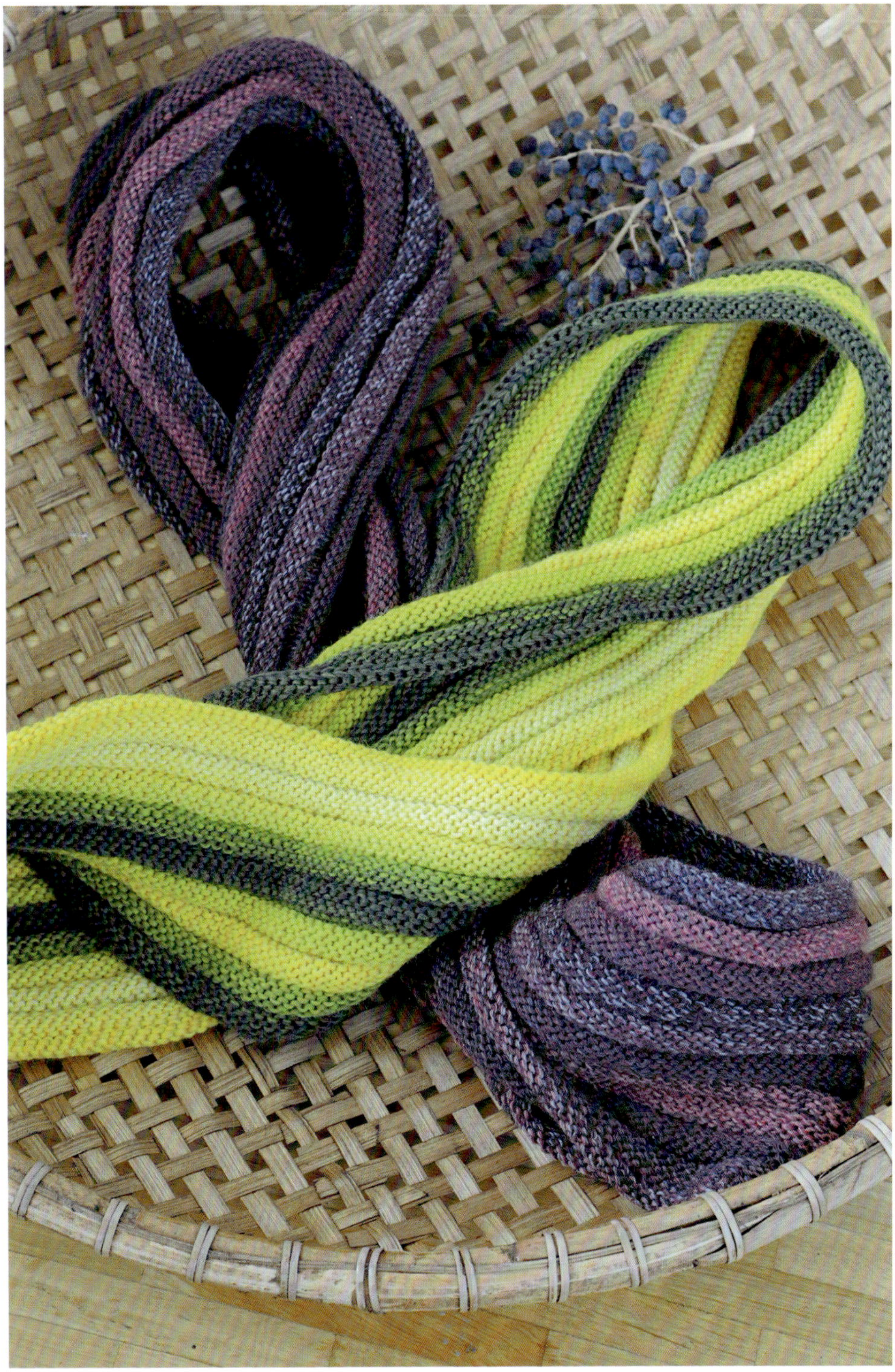

Fransen No. 1

Dreieckstuch mit Fransen

Dieses Tuch gehört auf die „Top 5"-Liste meiner Designs. Es ist zwar echte Fleißarbeit, die vielen Fransen zu stricken (manchmal fluche ich über mich selbst, wenn ich mal wieder eines angeschlagen habe), aber der Aufwand lohnt sich einfach! Meistens stricke ich das Tuch als „Zweitprojekt" nebenher, damit ich bei den Fransen nicht die Lust verliere. Auch wenn es schwer aussieht, ist es wirklich einfach zu stricken.

Was mir besonders daran gefällt, ist wie das Tuch durch die Fransen größer oder kleiner wird. Man kann auch den Winkel des Dreiecks beliebig ändern, indem man es einfach drei, vier oder fünf Fransen größer strickt. Ich finde, das ist ein Stück, an dem man sehr lange Freude hat, wenn es fertig ist.

GARN
Schoppel Zauberball Edition 6

FARBE
Kunterbunt

ANZAHL KNÄUEL
2

GRÖSSE
Länge 158 cm, Breite 42 cm

NADEL
3,5 mm

MASCHENANSCHLAG
23 Maschen

ABKETTEN
Elastisch

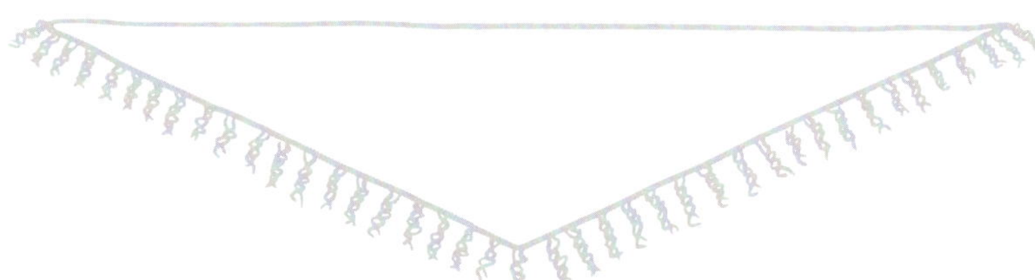

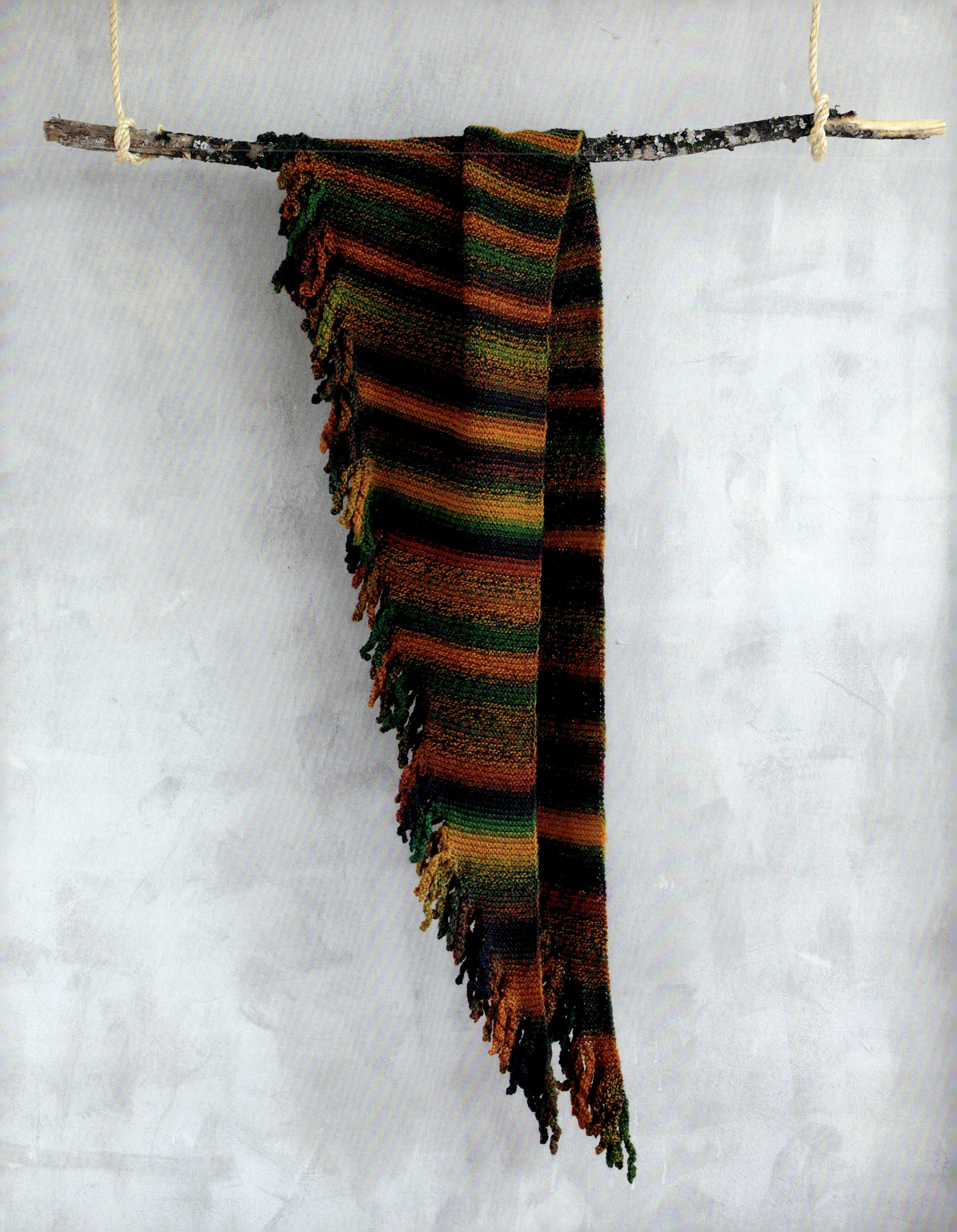

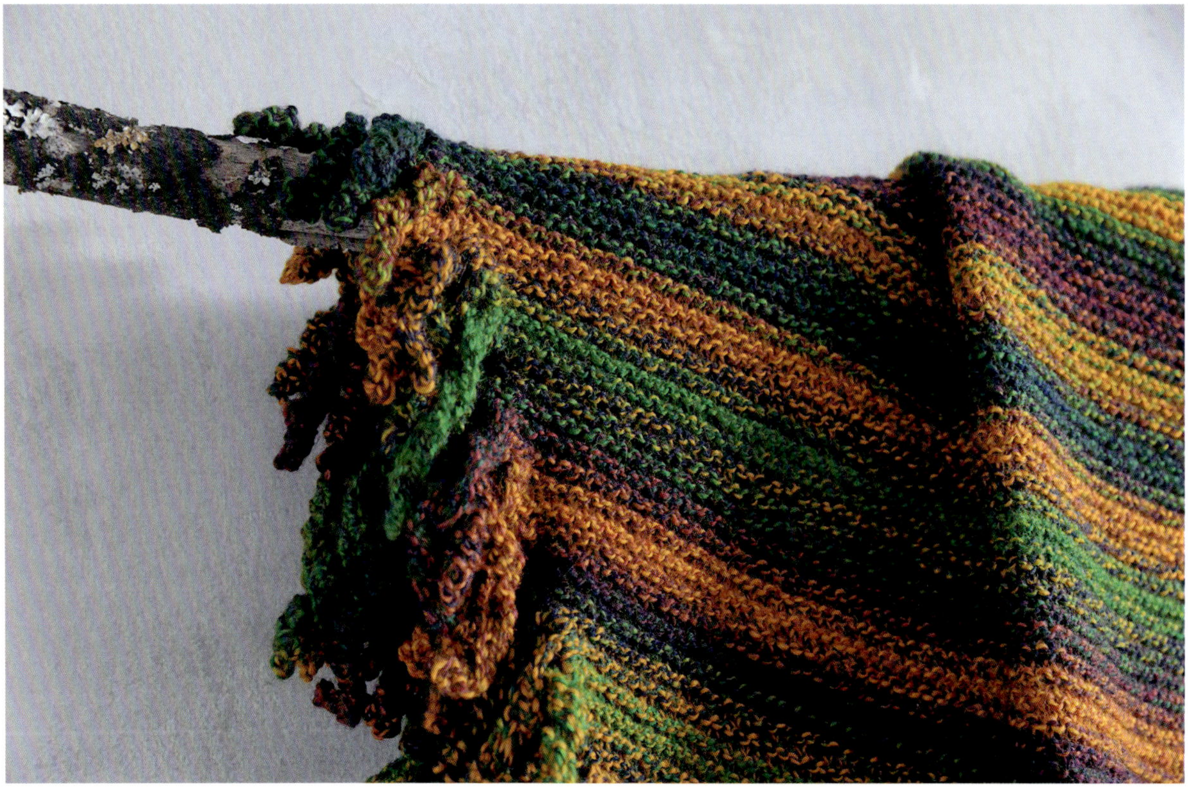

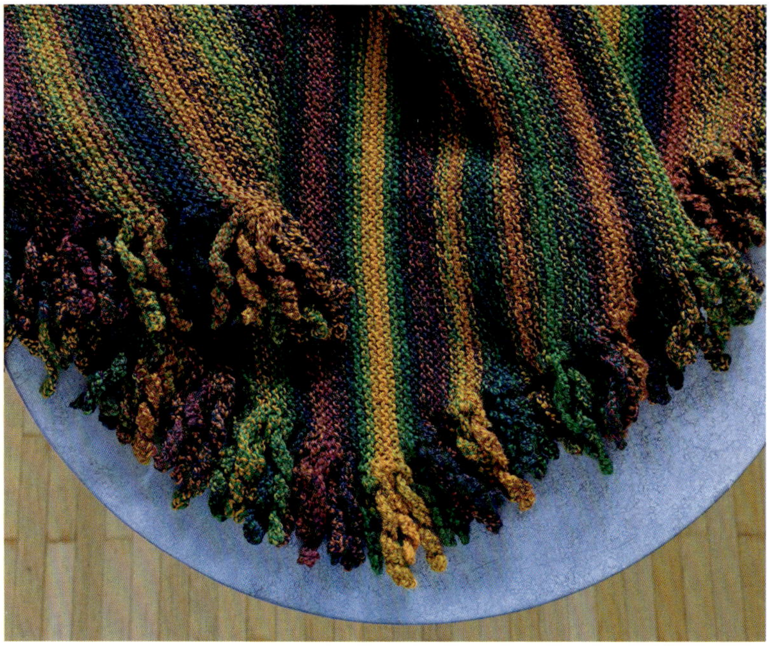

Strickanleitung

Das Grundmuster dieses Tuchs ist kraus rechts. Dazu werden alle Reihen rechts gestrickt.

Beschreibung

1. 23 Maschen aufstricken.
2. Wie folgt stricken:

   Reihe

1	20 M elastisch abketten, 3 M re.
2	3 M rechts, 20 M aufstricken.
3	20 M elastisch abketten, 3 M re.
4	3 M re, 21 M aufstricken.
5	20 M elastisch abketten, 4 M re.
6	4 M rechts, 20 M aufstricken.
7	20 M elastisch abketten, 4 M re.
8	4 M re, 21 M aufstricken.
9	20 M elastisch abketten, 5 M re.

3. Mit einem Knäuel in dieser Weise fortfahren. Dabei bei jeder zweiten Franse eine Masche mehr aufnehmen als abketten. Dadurch wird das Strickstück in kraus rechts bei jeder zweiten Franse um eine Maschen erweitert.
4. Mit dem zweiten Knäuel jetzt umgekehrt weiter stricken. Dabei bei jeder zweiten Franse eine Masche mehr abkettet. Dadurch wird das Tuch wieder kleiner.
5. Am Schluss liegen wieder drei Maschen auf der Nadel. Bei der letzten Franse alle Maschen elastisch abketten.

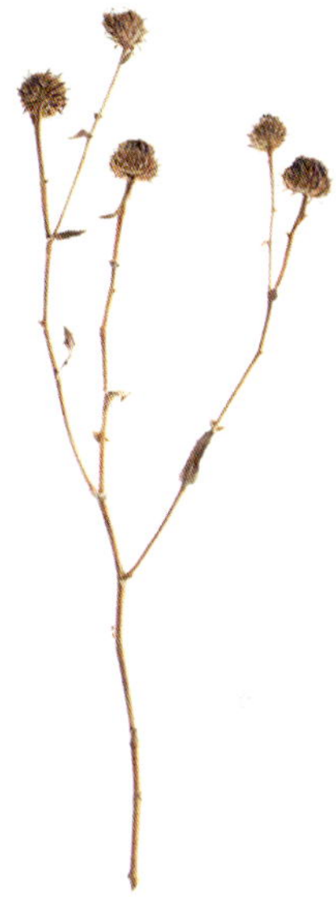

Elastisch abketten

1. 2 Maschen rechts stricken.
2. Beide Maschen wieder auf die linke Nadel heben.
3. Die beiden Maschen rechts verschränkt zusammenstricken.
4. Die neue Masche von der rechten Nadel zurück auf die linke Nadel heben, und mit der nächsten Masche verschränkt zusammenstricken.
5. Die Schritte 2. - 5. fortlaufend wiederholen.

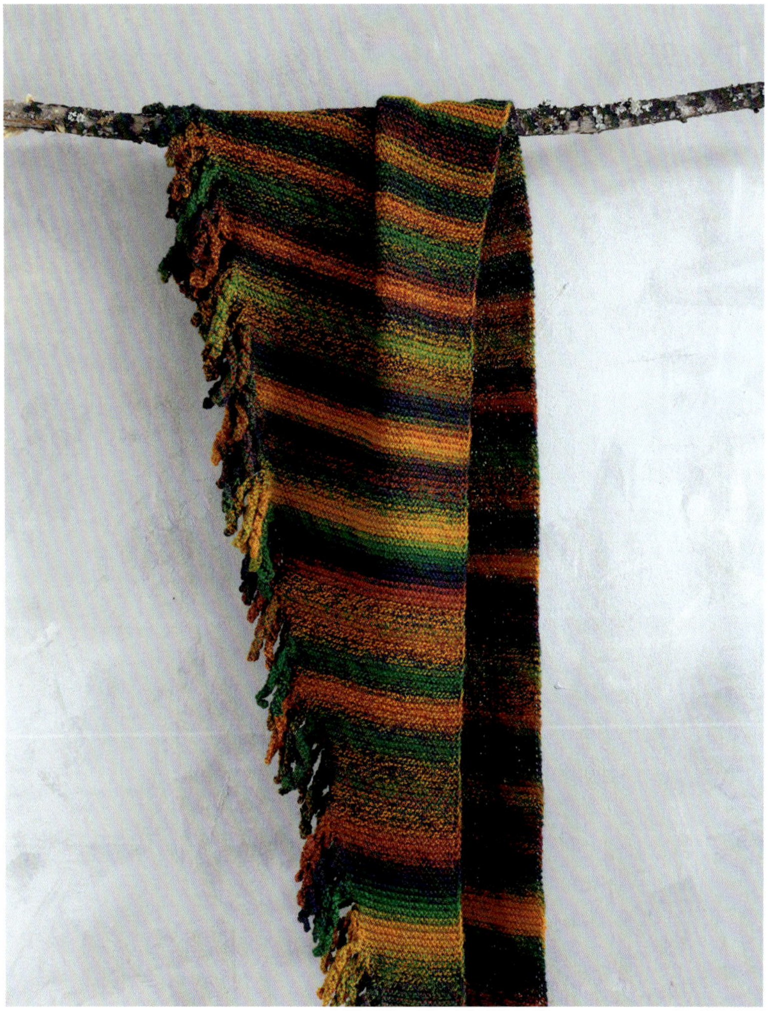

NOTIZEN

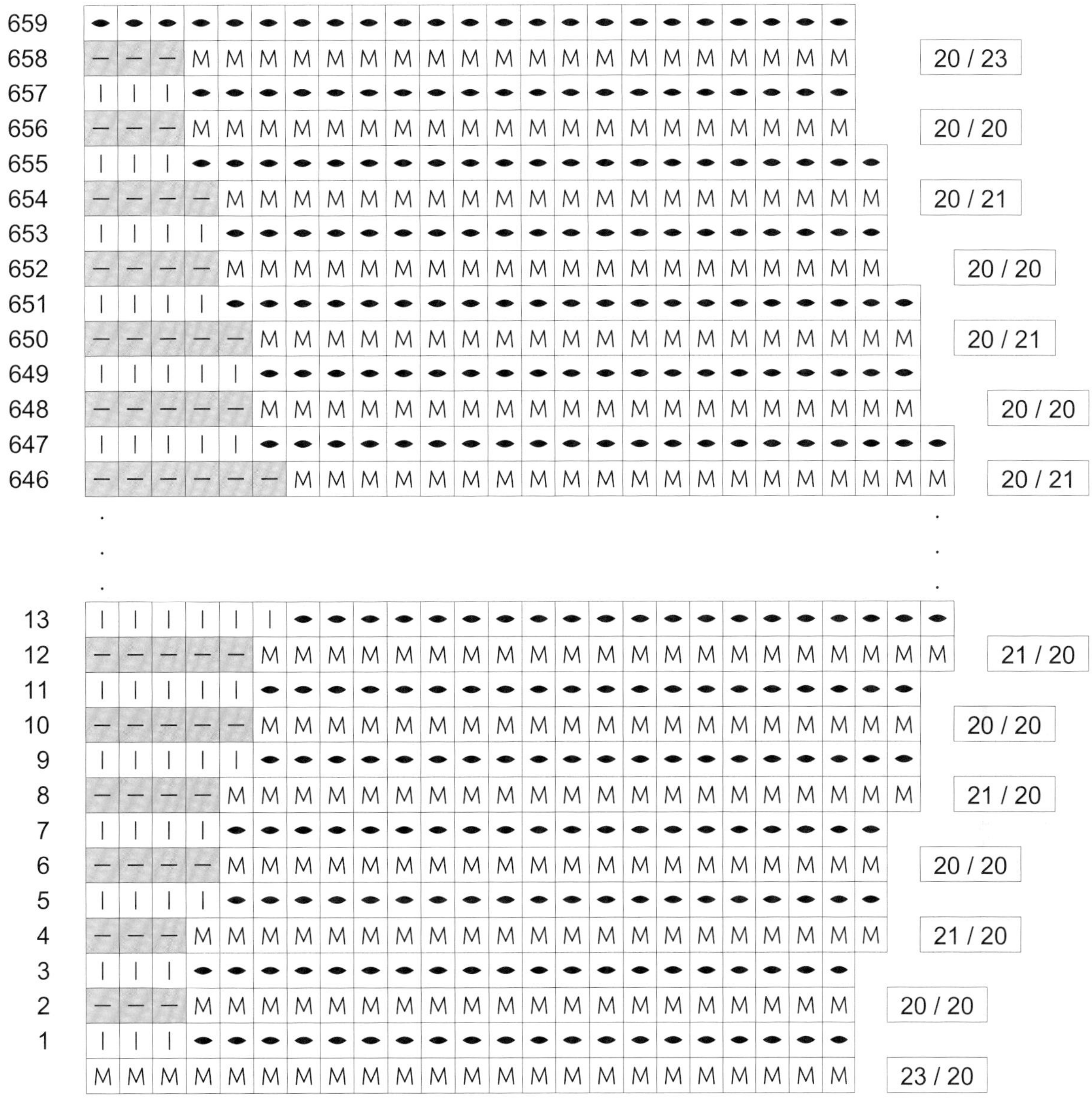

◆ Masche elastisch abketten

M Maschen aufstricken

I rechte Masche

– linke Masche

20 / 20

Anzahl M aufstricken | Anzahl M elastisch abketten

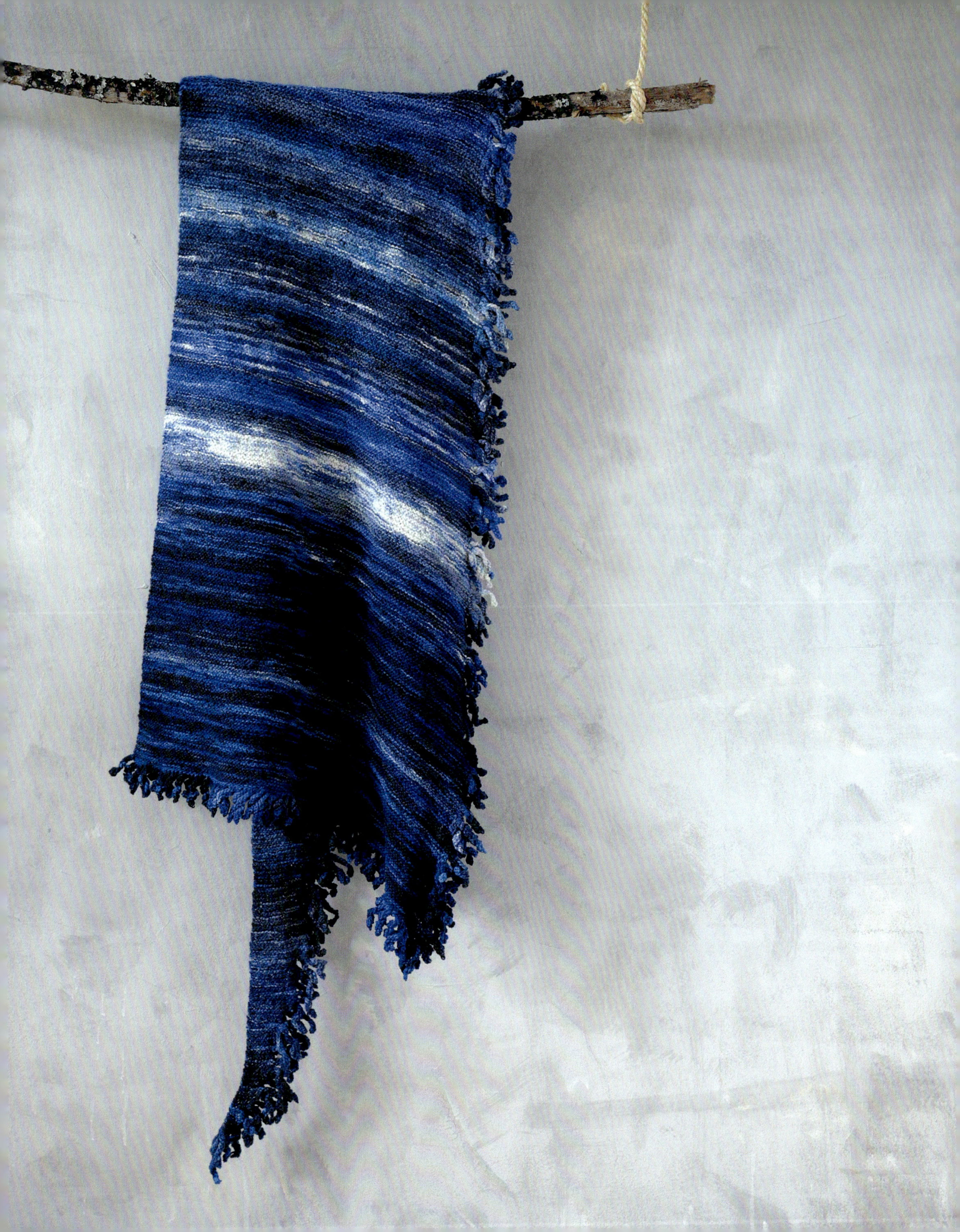

Fransen No. 2

Dreieckstuch mit Fransenkante

Dies ist eine Variante des Fransentuch No. 1 von Seite 72. Die Idee zu einem Tuch mit Fransen hatte ich schon vor ein paar Jahren. Ich hatte zu dieser Zeit schon einige Stücke mit Fransen als Maschenanschlag gestrickt, aber noch nicht am Rand des Strickstückes. Mich interessierte, ob und wie das funktionieren könnte. Das Ergebnis könnt ihr nun nachstricken.

Außerdem verstricke ich einfach gerne alles Garn, damit ich keine Reste übrig habe. Das funktioniert mit diesem Tuch super. Einfach so lange weiterstricken, bis alles Garn verbraucht sind.

GARN
Schoppel XL Kleckse

FARBE
Liquid Blue

ANZAHL KNÄUEL
3

GRÖSSE
Breite 54 cm, Länge 170 cm

NADEL
3 mm

MASCHENANSCHLAG
23 Maschen

ABKETTEN
Elastisch

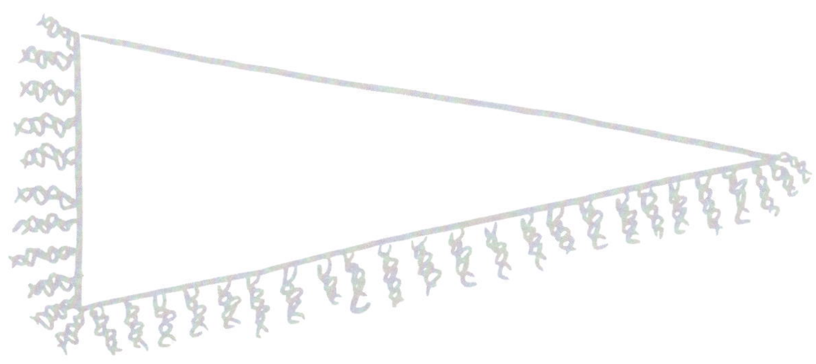

Strickanleitung

Das Grundmuster dieses Tuchs ist kraus rechts. Dazu wird in allen Reihen rechts gestrickt.

Beschreibung

1. 18 Maschen aufstricken.
2. Wie folgt stricken:

   Reihe

1	15 M elastisch abketten, 3 M re.
2	3 M rechts, 15 M aufstricken.
3	15 M elastisch abketten, 3 M re.
4	3 M rechts, 15 M aufstricken.
5	15 M elastisch abketten, 3 M re.
6	3 M re, 16 M aufstricken.
7	15 M elastisch abketten, 4 M re.
8	4 M rechts, 15 M aufstricken.
9	15 M elastisch abketten, 4 M re.
10	4 M rechts, 15 M aufstricken.
11	15 M elastisch abketten, 4 M re.

3. Mit einem Knäuel in dieser Weise fortfahren. Dabei bei jeder dritten Franse eine Masche mehr aufnehmen als abketten. Dadurch wird das Strickstück in kraus rechts bei jeder dritten Franse um eine Masche erweitert.
4. Am Schluss alle Maschen des krausrechten Stücks mit Fransen abketten. Dazu 15 Maschen aufstricken und 17 Maschen elastisch abketten. Dadurch werden bei jeder Franse auch zwei Maschen des Strickstücks abgekettet. Aus den 130 Maschen entstehen dann 65 Fransen.

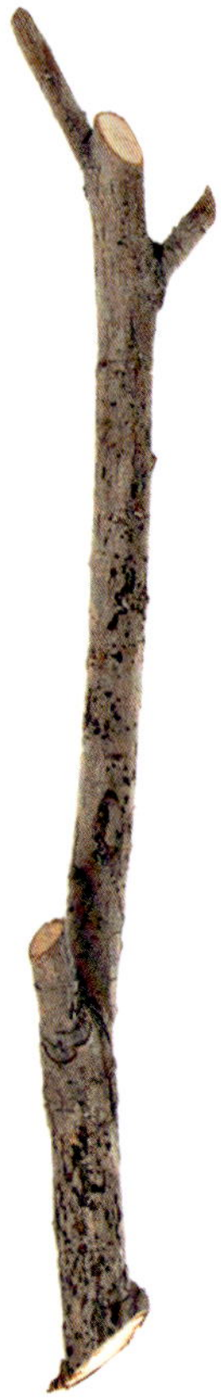

Anleitung für Elastisch Abketten siehe Seite 82.

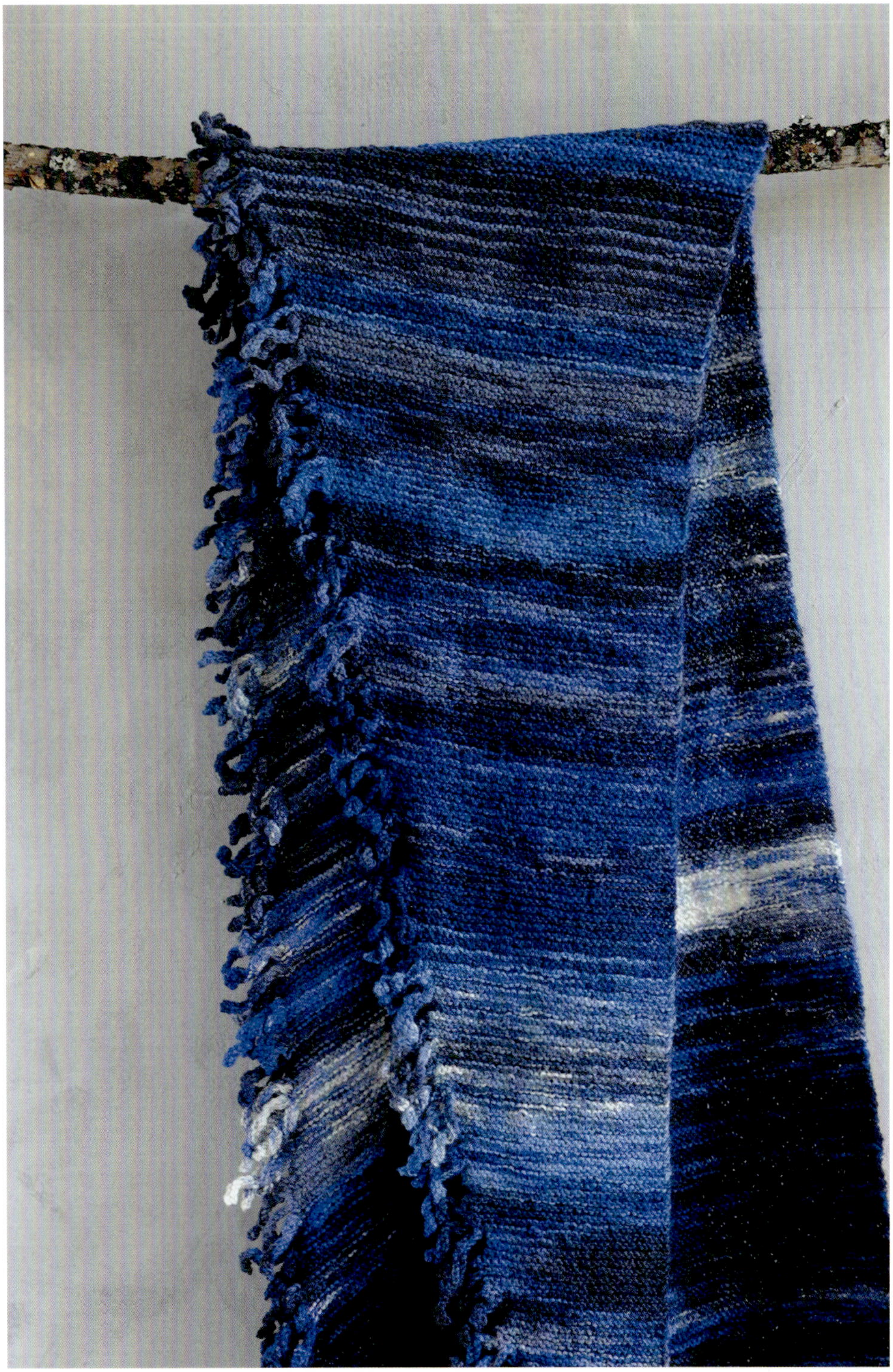

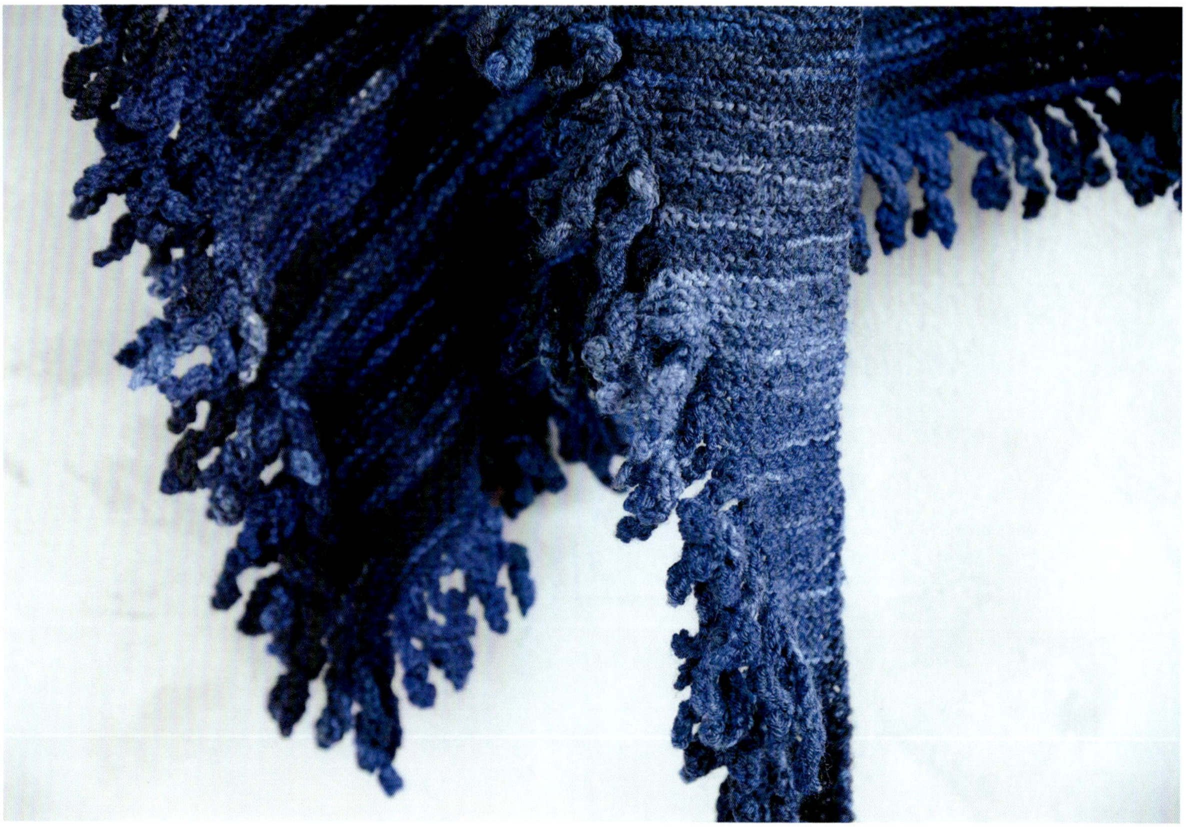

Elastisch abketten

1. 2 Maschen rechts stricken.
2. Beide Maschen wieder auf die linke Nadel heben.
3. Die beiden Maschen rechts verschränkt zusammenstricken.
4. Die neue Masche von der rechten Nadel zurück auf die linke Nadel heben, und mit der nächsten Masche verschränkt zusammenstricken.
5. Die Schritte 2. - 5. fortlaufend wiederholen.

•	Masche elastisch abketten
M	Maschen aufstricken
I	rechte Masche
–	linke Masche
F	Fransenabnahme

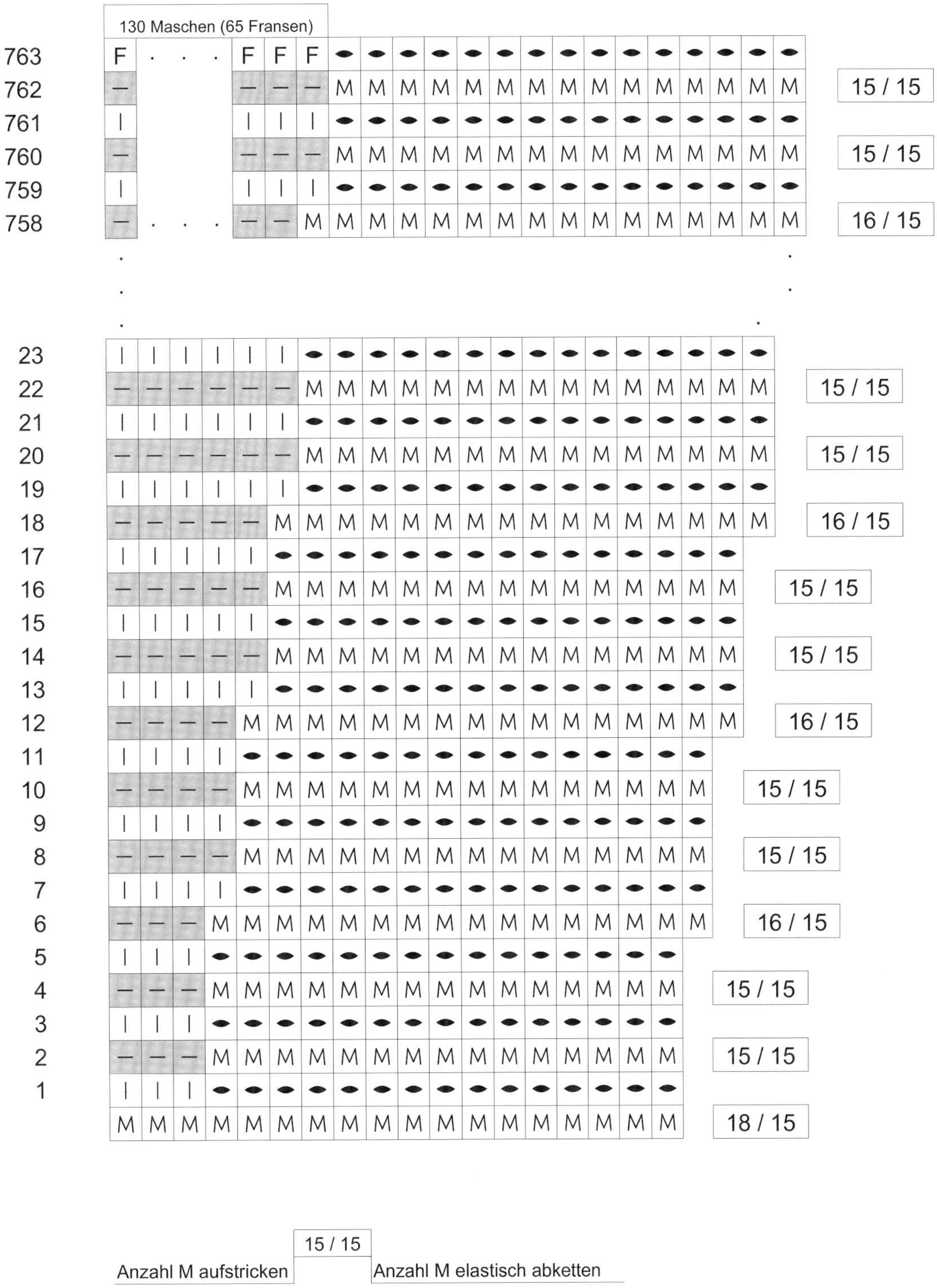
130 Maschen (65 Fransen)
763
762
761
760
759
758
15 / 15
15 / 15
16 / 15
23
22
21
20
19
18
17
16
15
14
13
12
11
10
9
8
7
6
5
4
3
2
1
15 / 15
15 / 15
16 / 15
15 / 15
15 / 15
16 / 15
15 / 15
15 / 15
16 / 15
15 / 15
15 / 15
18 / 15
15 / 15
Anzahl M aufstricken
Anzahl M elastisch abketten

Zackenmütze

Mütze mit Zackenmuster

Ich mag es, wenn aus demselben Design verschiedene Dinge entstehen können. So war das auch bei dieser Mütze. Sie entstand tatsächlich aus dem Zackenloop von Seite 28. Ich hatte einen Loop gestrickt und mir gedacht, wenn ich die Zacken zusammen nähen würde, müsste es eine Mütze ergeben. Und so war es auch.

Zusammen mit dem Zackenloop hat man ein tolles Set oder ein schönes Geschenk. Beides ist schnell gestrickt. Durch das sehr dehnbare Rippenmuster passt sich die Mütze so ziemlich jedem Kopfumfang an.

GARN
Kremke Soul Wool Bebe Soft Wash

FARBE
02 Blassrosa

ANZAHL KNÄUEL
2

GRÖSSE
Umfang 36 cm

NADEL
Rundstricknadel 3 mm, 60 cm lang

MASCHENANSCHLAG
144 (120) Maschen

ABKETTEN
Maschenstich

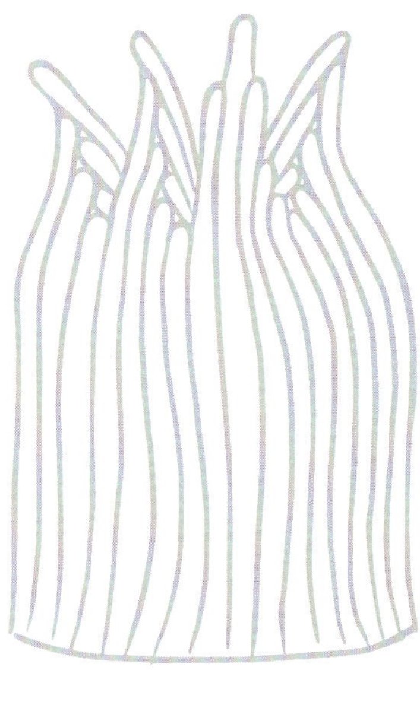

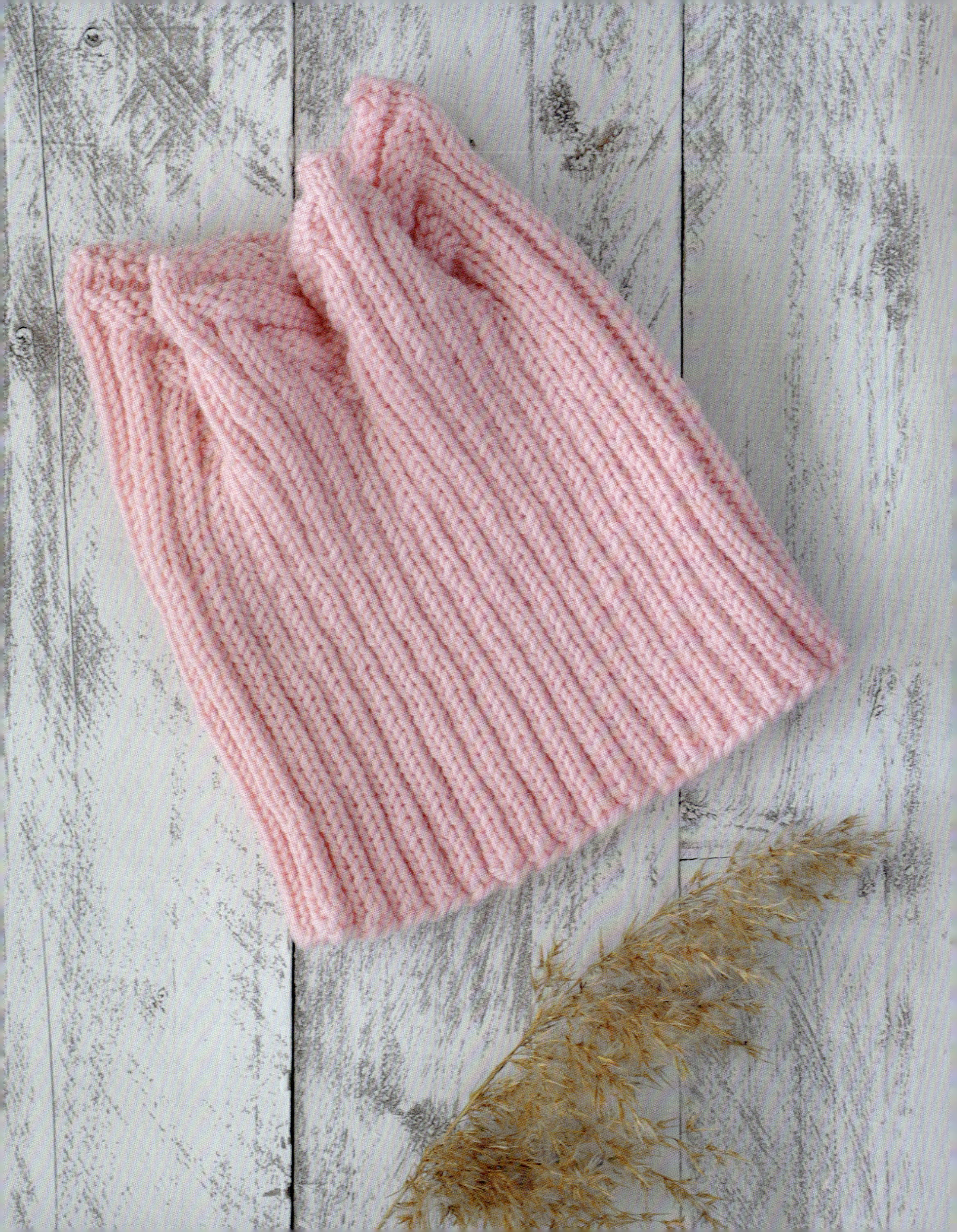

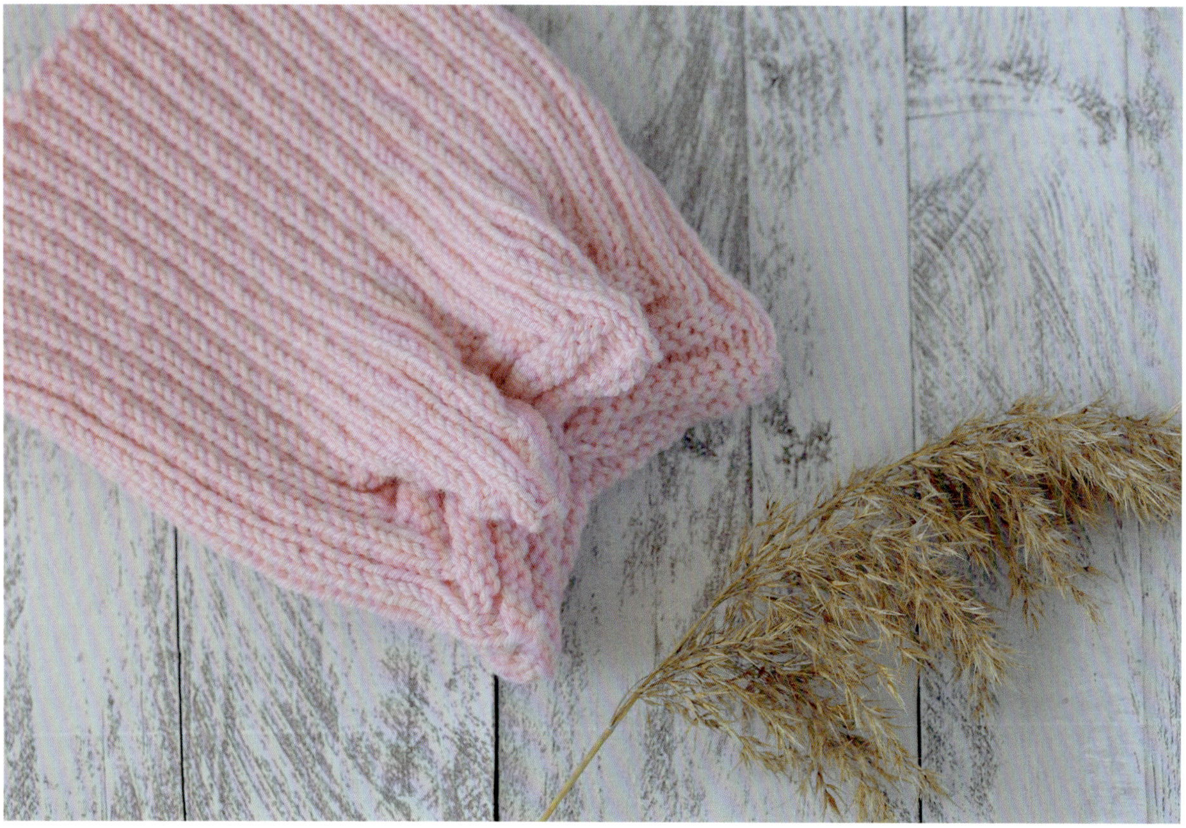

Strickanleitung

Beschreibung

(Angaben für Kindermütze in Klammern)

1. 144 (120) Maschen anschlagen (Rd A). Zur Runde schließen und Maschenmarkierer einsetzen.
2. 6 (5) mal den Mustersatz stricken. (Für die Kindermütze einfach 30 Rd Bündchenmuster stricken).
3. Am Schluss die Mütze auf links drehen.
4. Die 12 jeweils gegenüber liegenden Maschen eines MS im Maschenstich vernähen.
5. Alle Fäden vernähen.
6. Das Loch in der Mitte vernähen.

Für die Mütze mit sechs Mustersätzen benötigt man etwas mehr als ein Knäuel. Daher kann man mit zwei Knäuel ein Set aus Erwachsenen- und Kindermütze stricken oder mit nur einem Knäuel die Kindermütze.

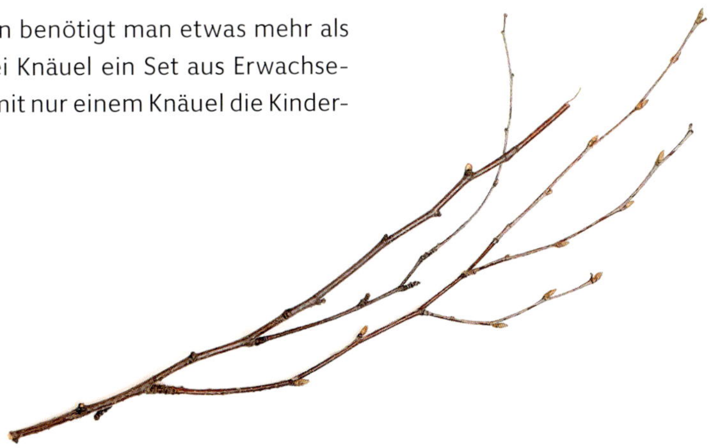

NOTIZEN

Strickmuster

Runde	
A	144 (120) M anschlagen.
1-40	*1 M re, 2 M li, (2 M re, 2 M li) 4x wdh, 1 M re*. Von * - * bis Rd Ende wiederholen.
41-43	*3 M li, (2M re, 2 M li) 3x wdh, 2 M re, 3 M li*. Von * - * bis Rd Ende wiederholen.
44-46	*5 M re, 2 M li, (2M re, 2 M li) 2x wdh, 2 M li, 5 M re*. Von * - * bis Rd Ende wiederholen.
47-49	*7 M li, (2M re, 2 M li) 1x wdh, 2 M re, 7 M li*. Von * - * bis Rd Ende wiederholen.
50-52	*9 M re, 2 M li, 2M re, 2 M li, 9 M re*. Von * - * bis Rd Ende wiederholen.
53-55	*11 M li, 2 M re, 11 M li*. Von * - * bis Rd Ende wiederholen.
56-58	*24 M re*. Von * - * bis Rd Ende wiederholen.
59	*24 M li*. Von * - * bis Rd Ende wiederholen.

Jeweils die 12 gegenüber liegenden M eines MS vernähen. Fäden und Loch in der Mitte vernähen.

●	Maschenanschlag
I	rechte Masche
–	linke Masche
←	Strickrichtung

<table>
<tr><td colspan="12">im Maschenstich vernähen</td><td colspan="12">im Maschenstich vernähen</td><td></td><td></td></tr>
<tr><td>—</td><td>—</td><td>—</td><td>—</td><td>—</td><td>—</td><td>—</td><td>—</td><td>—</td><td>—</td><td>—</td><td>—</td><td>—</td><td>—</td><td>—</td><td>—</td><td>—</td><td>—</td><td>—</td><td>—</td><td>—</td><td>—</td><td>—</td><td>—</td><td>59</td><td>←</td></tr>
<tr><td>|</td><td>|</td><td>|</td><td>|</td><td>|</td><td>|</td><td>|</td><td>|</td><td>|</td><td>|</td><td>|</td><td>|</td><td>|</td><td>|</td><td>|</td><td>|</td><td>|</td><td>|</td><td>|</td><td>|</td><td>|</td><td>|</td><td>|</td><td>|</td><td>58</td><td>←</td></tr>
<tr><td>|</td><td>|</td><td>|</td><td>|</td><td>|</td><td>|</td><td>|</td><td>|</td><td>|</td><td>|</td><td>|</td><td>|</td><td>|</td><td>|</td><td>|</td><td>|</td><td>|</td><td>|</td><td>|</td><td>|</td><td>|</td><td>|</td><td>|</td><td>|</td><td>57</td><td>←</td></tr>
<tr><td>|</td><td>|</td><td>|</td><td>|</td><td>|</td><td>|</td><td>|</td><td>|</td><td>|</td><td>|</td><td>|</td><td>|</td><td>|</td><td>|</td><td>|</td><td>|</td><td>|</td><td>|</td><td>|</td><td>|</td><td>|</td><td>|</td><td>|</td><td>|</td><td>56</td><td>←</td></tr>
<tr><td>—</td><td>—</td><td>—</td><td>—</td><td>—</td><td>—</td><td>—</td><td>—</td><td>—</td><td>—</td><td>—</td><td>|</td><td>|</td><td>—</td><td>—</td><td>—</td><td>—</td><td>—</td><td>—</td><td>—</td><td>—</td><td>—</td><td>—</td><td>—</td><td>55</td><td>←</td></tr>
<tr><td>—</td><td>—</td><td>—</td><td>—</td><td>—</td><td>—</td><td>—</td><td>—</td><td>—</td><td>—</td><td>—</td><td>|</td><td>|</td><td>—</td><td>—</td><td>—</td><td>—</td><td>—</td><td>—</td><td>—</td><td>—</td><td>—</td><td>—</td><td>—</td><td>54</td><td>←</td></tr>
<tr><td>—</td><td>—</td><td>—</td><td>—</td><td>—</td><td>—</td><td>—</td><td>—</td><td>—</td><td>—</td><td>—</td><td>|</td><td>|</td><td>—</td><td>—</td><td>—</td><td>—</td><td>—</td><td>—</td><td>—</td><td>—</td><td>—</td><td>—</td><td>—</td><td>53</td><td>←</td></tr>
<tr><td>|</td><td>|</td><td>|</td><td>|</td><td>|</td><td>|</td><td>|</td><td>|</td><td>|</td><td>—</td><td>—</td><td>|</td><td>|</td><td>—</td><td>—</td><td>|</td><td>|</td><td>|</td><td>|</td><td>|</td><td>|</td><td>|</td><td>|</td><td>|</td><td>52</td><td>←</td></tr>
<tr><td>|</td><td>|</td><td>|</td><td>|</td><td>|</td><td>|</td><td>|</td><td>|</td><td>|</td><td>—</td><td>—</td><td>|</td><td>|</td><td>—</td><td>—</td><td>|</td><td>|</td><td>|</td><td>|</td><td>|</td><td>|</td><td>|</td><td>|</td><td>|</td><td>51</td><td>←</td></tr>
<tr><td>|</td><td>|</td><td>|</td><td>|</td><td>|</td><td>|</td><td>|</td><td>|</td><td>|</td><td>—</td><td>—</td><td>|</td><td>|</td><td>—</td><td>—</td><td>|</td><td>|</td><td>|</td><td>|</td><td>|</td><td>|</td><td>|</td><td>|</td><td>|</td><td>50</td><td>←</td></tr>
<tr><td>—</td><td>—</td><td>—</td><td>—</td><td>—</td><td>—</td><td>—</td><td>|</td><td>|</td><td>—</td><td>—</td><td>|</td><td>|</td><td>—</td><td>—</td><td>|</td><td>|</td><td>—</td><td>—</td><td>—</td><td>—</td><td>—</td><td>—</td><td>—</td><td>49</td><td>←</td></tr>
<tr><td>—</td><td>—</td><td>—</td><td>—</td><td>—</td><td>—</td><td>—</td><td>|</td><td>|</td><td>—</td><td>—</td><td>|</td><td>|</td><td>—</td><td>—</td><td>|</td><td>|</td><td>—</td><td>—</td><td>—</td><td>—</td><td>—</td><td>—</td><td>—</td><td>48</td><td>←</td></tr>
<tr><td>—</td><td>—</td><td>—</td><td>—</td><td>—</td><td>—</td><td>—</td><td>|</td><td>|</td><td>—</td><td>—</td><td>|</td><td>|</td><td>—</td><td>—</td><td>|</td><td>|</td><td>—</td><td>—</td><td>—</td><td>—</td><td>—</td><td>—</td><td>—</td><td>47</td><td>←</td></tr>
<tr><td>|</td><td>|</td><td>|</td><td>|</td><td>|</td><td>—</td><td>—</td><td>|</td><td>|</td><td>—</td><td>—</td><td>|</td><td>|</td><td>—</td><td>—</td><td>|</td><td>|</td><td>—</td><td>—</td><td>|</td><td>|</td><td>|</td><td>|</td><td>|</td><td>46</td><td>←</td></tr>
<tr><td>|</td><td>|</td><td>|</td><td>|</td><td>|</td><td>—</td><td>—</td><td>|</td><td>|</td><td>—</td><td>—</td><td>|</td><td>|</td><td>—</td><td>—</td><td>|</td><td>|</td><td>—</td><td>—</td><td>|</td><td>|</td><td>|</td><td>|</td><td>|</td><td>45</td><td>←</td></tr>
<tr><td>|</td><td>|</td><td>|</td><td>|</td><td>|</td><td>—</td><td>—</td><td>|</td><td>|</td><td>—</td><td>—</td><td>|</td><td>|</td><td>—</td><td>—</td><td>|</td><td>|</td><td>—</td><td>—</td><td>|</td><td>|</td><td>|</td><td>|</td><td>|</td><td>44</td><td>←</td></tr>
<tr><td>—</td><td>—</td><td>—</td><td>|</td><td>|</td><td>—</td><td>—</td><td>|</td><td>|</td><td>—</td><td>—</td><td>|</td><td>|</td><td>—</td><td>—</td><td>|</td><td>|</td><td>—</td><td>—</td><td>|</td><td>|</td><td>—</td><td>—</td><td>—</td><td>43</td><td>←</td></tr>
<tr><td>—</td><td>—</td><td>—</td><td>|</td><td>|</td><td>—</td><td>—</td><td>|</td><td>|</td><td>—</td><td>—</td><td>|</td><td>|</td><td>—</td><td>—</td><td>|</td><td>|</td><td>—</td><td>—</td><td>|</td><td>|</td><td>—</td><td>—</td><td>—</td><td>42</td><td>←</td></tr>
<tr><td>—</td><td>—</td><td>—</td><td>|</td><td>|</td><td>—</td><td>—</td><td>|</td><td>|</td><td>—</td><td>—</td><td>|</td><td>|</td><td>—</td><td>—</td><td>|</td><td>|</td><td>—</td><td>—</td><td>|</td><td>|</td><td>—</td><td>—</td><td>—</td><td>41</td><td>←</td></tr>
<tr><td>|</td><td>—</td><td>—</td><td>|</td><td>|</td><td>—</td><td>—</td><td>|</td><td>|</td><td>—</td><td>—</td><td>|</td><td>|</td><td>—</td><td>—</td><td>|</td><td>|</td><td>—</td><td>—</td><td>|</td><td>|</td><td>—</td><td>—</td><td>|</td><td>40</td><td>←</td></tr>
<tr><td>|</td><td>—</td><td>—</td><td>|</td><td>|</td><td>—</td><td>—</td><td>|</td><td>|</td><td>—</td><td>—</td><td>|</td><td>|</td><td>—</td><td>—</td><td>|</td><td>|</td><td>—</td><td>—</td><td>|</td><td>|</td><td>—</td><td>—</td><td>|</td><td>39</td><td>←</td></tr>
<tr><td>|</td><td>—</td><td>—</td><td>|</td><td>|</td><td>—</td><td>—</td><td>|</td><td>|</td><td>—</td><td>—</td><td>|</td><td>|</td><td>—</td><td>—</td><td>|</td><td>|</td><td>—</td><td>—</td><td>|</td><td>|</td><td>—</td><td>—</td><td>|</td><td>38</td><td>←</td></tr>
<tr><td>|</td><td>—</td><td>—</td><td>|</td><td>|</td><td>—</td><td>—</td><td>|</td><td>|</td><td>—</td><td>—</td><td>|</td><td>|</td><td>—</td><td>—</td><td>|</td><td>|</td><td>—</td><td>—</td><td>|</td><td>|</td><td>—</td><td>—</td><td>|</td><td>37</td><td>←</td></tr>
<tr><td>|</td><td>—</td><td>—</td><td>|</td><td>|</td><td>—</td><td>—</td><td>|</td><td>|</td><td>—</td><td>—</td><td>|</td><td>|</td><td>—</td><td>—</td><td>|</td><td>|</td><td>—</td><td>—</td><td>|</td><td>|</td><td>—</td><td>—</td><td>|</td><td>36</td><td>←</td></tr>
<tr><td>|</td><td>—</td><td>—</td><td>|</td><td>|</td><td>—</td><td>—</td><td>|</td><td>|</td><td>—</td><td>—</td><td>|</td><td>|</td><td>—</td><td>—</td><td>|</td><td>|</td><td>—</td><td>—</td><td>|</td><td>|</td><td>—</td><td>—</td><td>|</td><td>35</td><td>←</td></tr>
<tr><td>|</td><td>—</td><td>—</td><td>|</td><td>|</td><td>—</td><td>—</td><td>|</td><td>|</td><td>—</td><td>—</td><td>|</td><td>|</td><td>—</td><td>—</td><td>|</td><td>|</td><td>—</td><td>—</td><td>|</td><td>|</td><td>—</td><td>—</td><td>|</td><td>34</td><td>←</td></tr>
<tr><td>|</td><td>—</td><td>—</td><td>|</td><td>|</td><td>—</td><td>—</td><td>|</td><td>|</td><td>—</td><td>—</td><td>|</td><td>|</td><td>—</td><td>—</td><td>|</td><td>|</td><td>—</td><td>—</td><td>|</td><td>|</td><td>—</td><td>—</td><td>|</td><td>33</td><td>←</td></tr>
<tr><td>|</td><td>—</td><td>—</td><td>|</td><td>|</td><td>—</td><td>—</td><td>|</td><td>|</td><td>—</td><td>—</td><td>|</td><td>|</td><td>—</td><td>—</td><td>|</td><td>|</td><td>—</td><td>—</td><td>|</td><td>|</td><td>—</td><td>—</td><td>|</td><td>32</td><td>←</td></tr>
<tr><td>|</td><td>—</td><td>—</td><td>|</td><td>|</td><td>—</td><td>—</td><td>|</td><td>|</td><td>—</td><td>—</td><td>|</td><td>|</td><td>—</td><td>—</td><td>|</td><td>|</td><td>—</td><td>—</td><td>|</td><td>|</td><td>—</td><td>—</td><td>|</td><td>31</td><td>←</td></tr>
<tr><td>⋮</td><td colspan="22"></td><td>⋮</td><td></td><td></td></tr>
<tr><td>|</td><td>—</td><td>—</td><td>|</td><td>|</td><td>—</td><td>—</td><td>|</td><td>|</td><td>—</td><td>—</td><td>|</td><td>|</td><td>—</td><td>—</td><td>|</td><td>|</td><td>—</td><td>—</td><td>|</td><td>|</td><td>—</td><td>—</td><td>|</td><td>3</td><td>←</td></tr>
<tr><td>|</td><td>—</td><td>—</td><td>|</td><td>|</td><td>—</td><td>—</td><td>|</td><td>|</td><td>—</td><td>—</td><td>|</td><td>|</td><td>—</td><td>—</td><td>|</td><td>|</td><td>—</td><td>—</td><td>|</td><td>|</td><td>—</td><td>—</td><td>|</td><td>2</td><td>←</td></tr>
<tr><td>|</td><td>—</td><td>—</td><td>|</td><td>|</td><td>—</td><td>—</td><td>|</td><td>|</td><td>—</td><td>—</td><td>|</td><td>|</td><td>—</td><td>—</td><td>|</td><td>|</td><td>—</td><td>—</td><td>|</td><td>|</td><td>—</td><td>—</td><td>|</td><td>1</td><td>←</td></tr>
<tr><td>●</td><td>●</td><td>●</td><td>●</td><td>●</td><td>●</td><td>●</td><td>●</td><td>●</td><td>●</td><td>●</td><td>●</td><td>●</td><td>●</td><td>●</td><td>●</td><td>●</td><td>●</td><td>●</td><td>●</td><td>●</td><td>●</td><td>●</td><td>●</td><td>A</td><td>←</td></tr>
<tr><td>24</td><td>23</td><td>22</td><td>21</td><td>20</td><td>19</td><td>18</td><td>17</td><td>16</td><td>15</td><td>14</td><td>13</td><td>12</td><td>11</td><td>10</td><td>9</td><td>8</td><td>7</td><td>6</td><td>5</td><td>4</td><td>3</td><td>2</td><td>1</td><td></td><td></td></tr>
<tr><td colspan="24">24 Maschen (6(5) Mal stricken = 144 M(120))</td><td></td><td></td></tr>
</table>

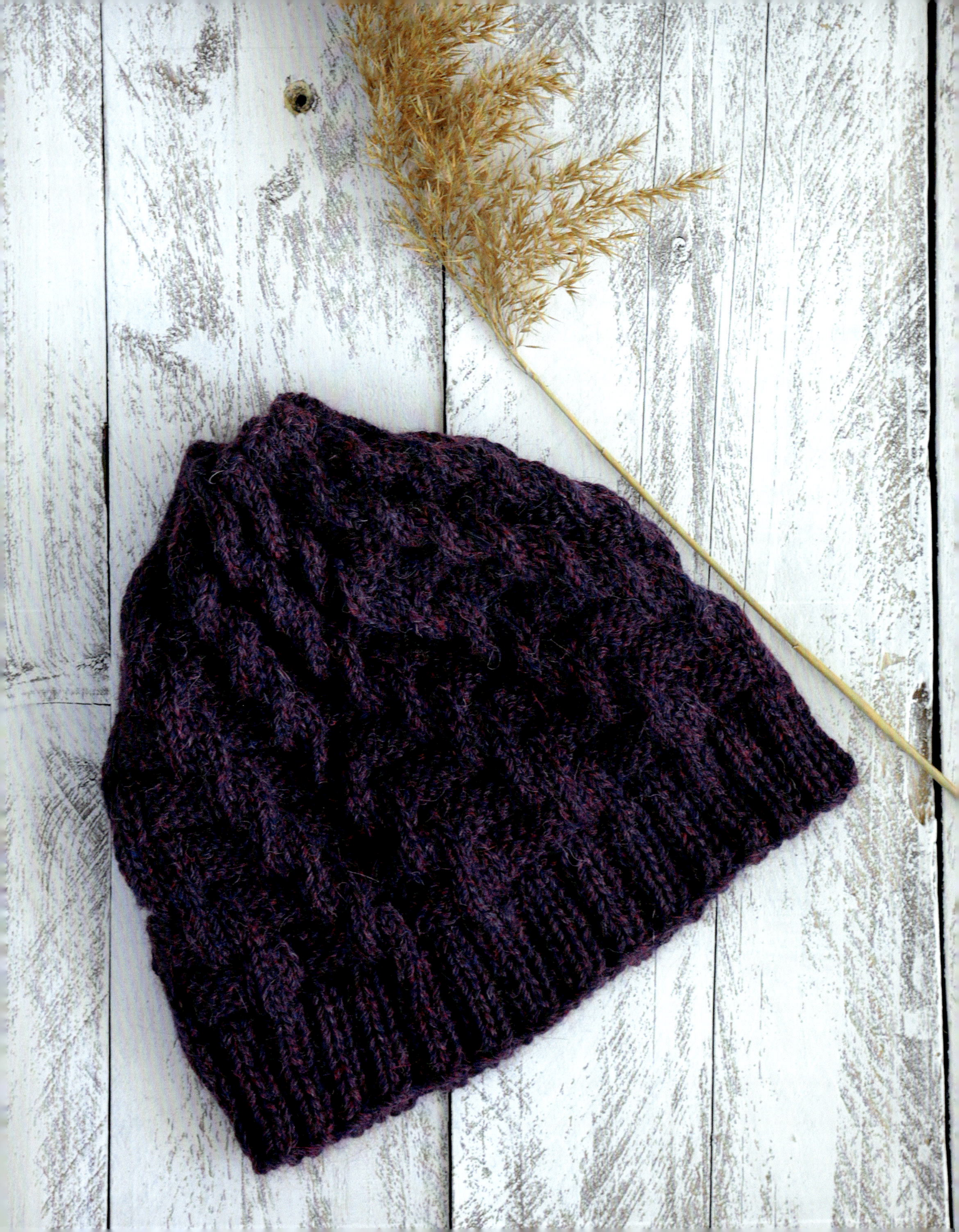

Falscher Zopf

Mütze mit einfachem Muster

Dieses Mützenstrickmuster habe ich tatsächlich für das japanische Fernsehen entworfen. Die Redakteur:innen suchten etwas, das auch Anfänger:innen gut hinbekommen, ohne etwa Maschen abnehmen zu müssen. Tatsächlich handelt es sich auch bei dieser Mütze nur um einen Loop, der oben zusammen gezogen wird. Durch das Muster wirkt die Mütze aber trotzdem besonders.

Wenn man möchte, kann man sich aus diesem Strickmuster auch ein Set aus Mütze und Loop stricken. Für den Loop verwendet man das gleiche Muster und verzichtet dann einfach auf das Zusammenziehen.

GARN
Kremke Soul Wool Babyalpaka

FARBE
Beere

ANZAHL KNÄUEL
2

GRÖSSE
One Size, Umfang 41 cm

NADEL
Rundstricknadel 3,5 mm, 60cm

MASCHENANSCHLAG
120 Maschen

ABKETTEN
Überzogen

TIPP
Am besten man strickt hier eher fester, damit das Muster besser zur Geltung kommt.

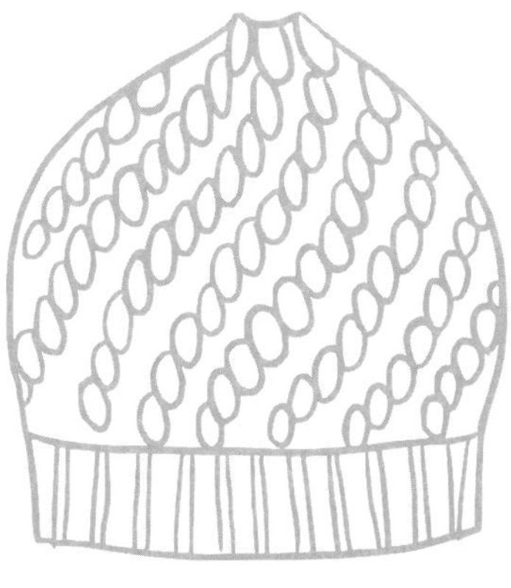

Strickanleitung

Beschreibung

1. 120 Maschen anschlagen (Rd A). Zur Runde schließen und Maschenmarkierer einsetzen.
2. 10 Runden im Bündchenmuster (2 re, 2 li) stricken. Anschließend zwei Reihen rechts stricken.
3. Den Mustersatz (roter Kasten) 12 mal stricken.
4. Die 6 Runden des Mustersatzes noch 8 Mal wiederholen. Dabei verschiebt sich der Beginn des Mustersatzes bei jeder Wiederholung um zwei Maschen nach rechts.
5. In der letzten Reihe alle Maschen abketten.
6. Die Mütze auf links umkrempeln. Ein Stück Garn an der markierten Stelle durchziehen. Noch ein Stück Garn mit dem Anfang auf der gegenüberliegenden Seite durchziehen.
7. Jetzt wie bei einer Kordeltasche an beiden Enden ziehen und so die Mütze oben schließen. Die Fadenenden verknoten.
8. Alle Fäden vernähen.

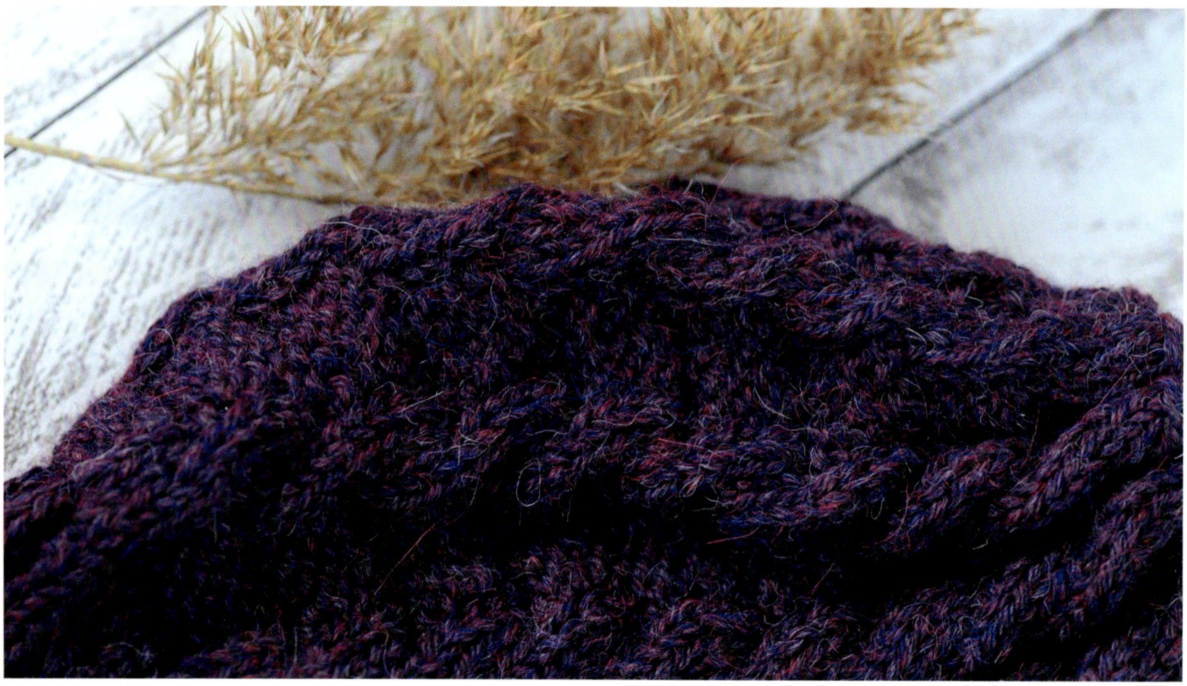

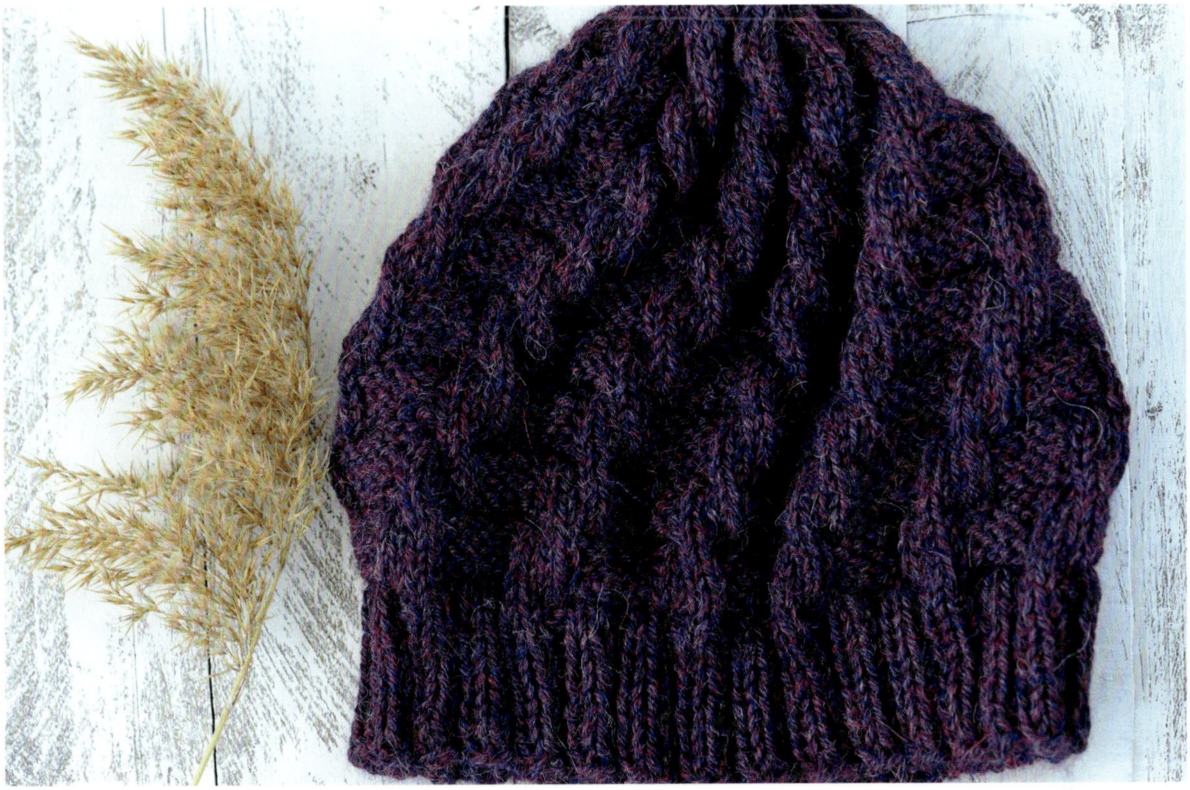

NOTIZEN

Strickmuster

Runde	
A	120 M anschlagen.
1-10	*2 M re, 2 M li stricken*. *. Von *-* wiederholen.
11-12	Alle M re stricken.
13-16	*4 M re, 6 M li. *. Von *-* wiederholen.
17-18	Alle M re stricken.
19-22	*2 M re, 6 M li, 2 M re. *. Von *-* wiederholen.
23-24	Alle M re stricken.
25-28	*6 M li, 4 M re. *. Von *-* wiederholen.
29-30	Alle M re stricken.
55-58	*6 M li, 4 M re. *. Von *-* wiederholen.
59-60	Alle M re stricken.
61-64	*4 M li, 4 M re, 2 M li. *. Von *-* wiederholen.
65	Alle M re stricken.

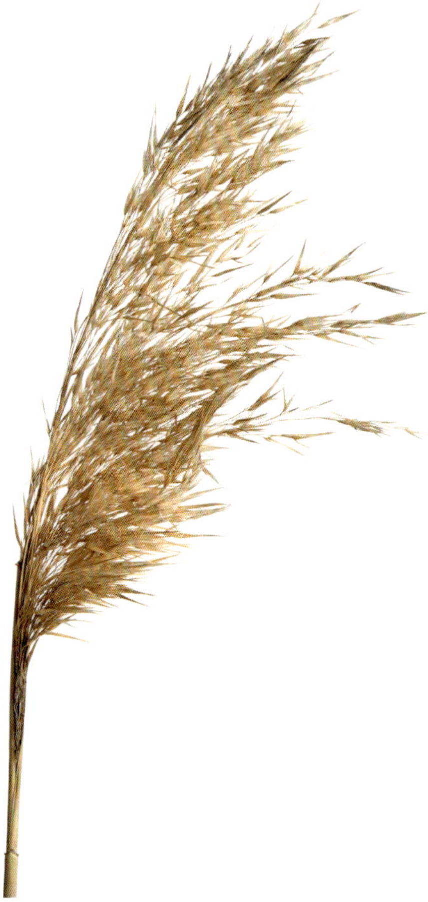

- ● Maschen aufstricken
- | rechte Masche
- – linke Masche
- ← Strickrichtung

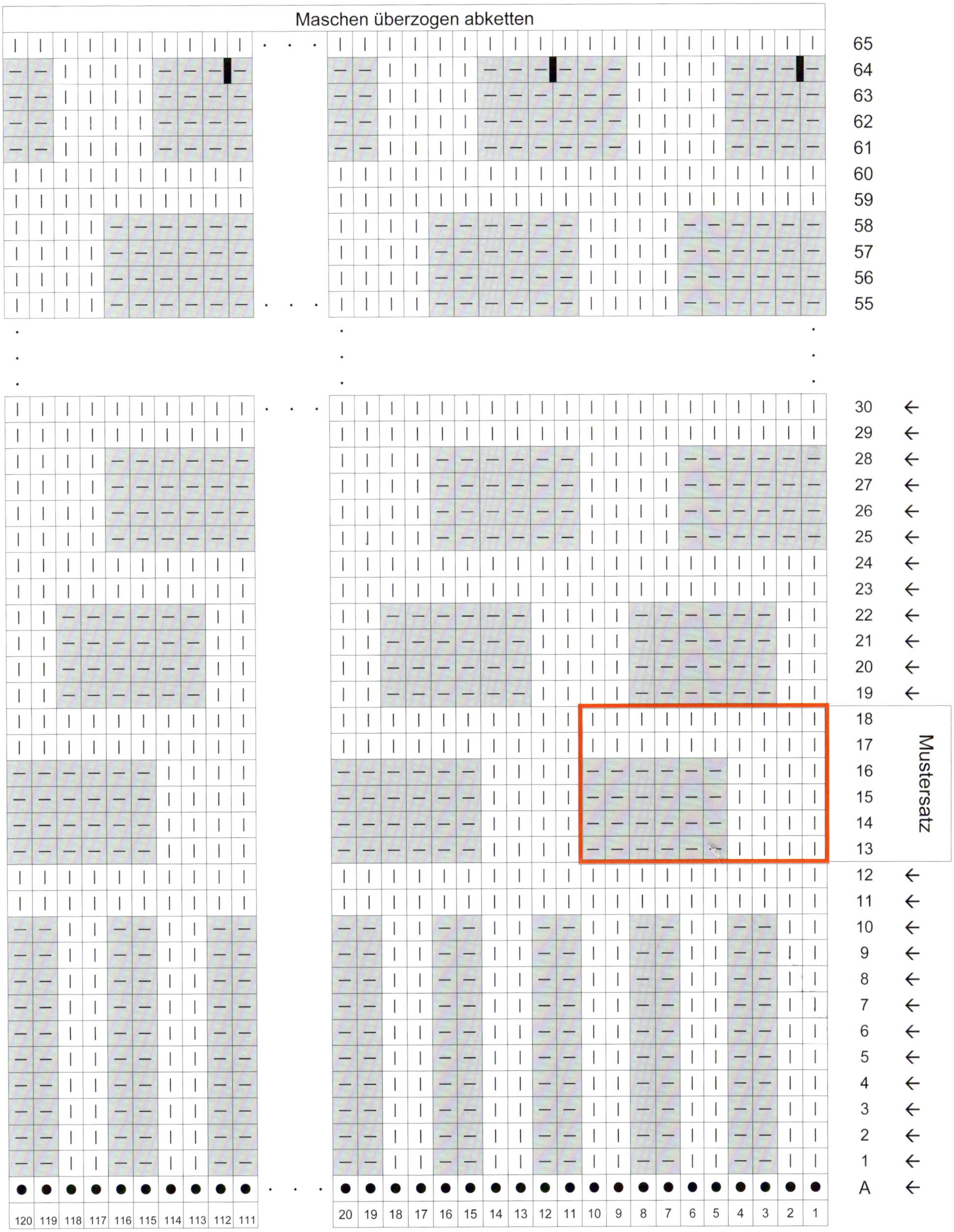
Maschen überzogen abketten
Mustersatz
A

Niemals glatt

Schal mit aufgenommenen Randmaschen

Hier ist der Name Programm. Dieser Schal wird wegen seiner Konstruktion nie glatt. Das Bügeln oder Dämpfen kann man sich also wirklich sparen. Auch wenn man es nicht vermutet: Ich habe das Design entwickelt, während ich den Schal „Kreuz und Quer" von Seite 60 gestrickt habe. Ich fand die Idee spannend, immer nur die Hälfte der Maschen weiter zu stricken und dann Maschen aus dem Rand aufzunehmen.

Das eigentliche Muster entstand dann aus der Bequemlichkeit heraus: Ich wollte nämlich am Rand kraus rechts stricken und mir so die Aufnahme neuer Maschen erleichtern. Durch die Technik macht das Stricken viel Spaß und bleibt abwechslungsreich.

GARN
Schoppel Gradient

FARBE
Kichererbse

ANZAHL KNÄUEL
4

GRÖSSE
Breite 33 cm, Länge 189 cm

NADEL
Rundstricknadel 4 mm, 60 cm

MASCHENANSCHLAG
56 Maschen

ABKETTEN
Überzogen

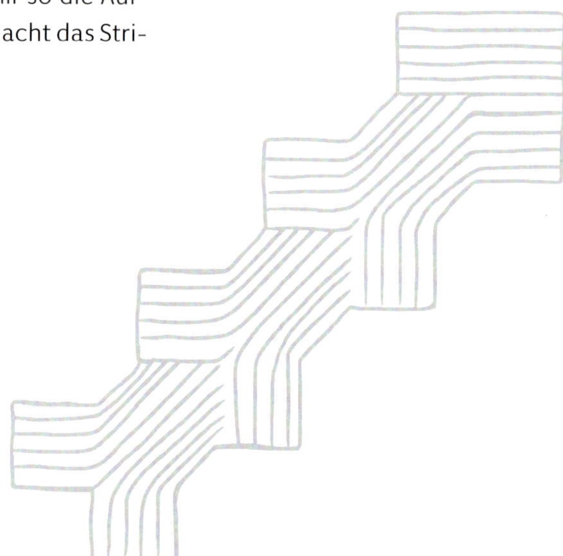

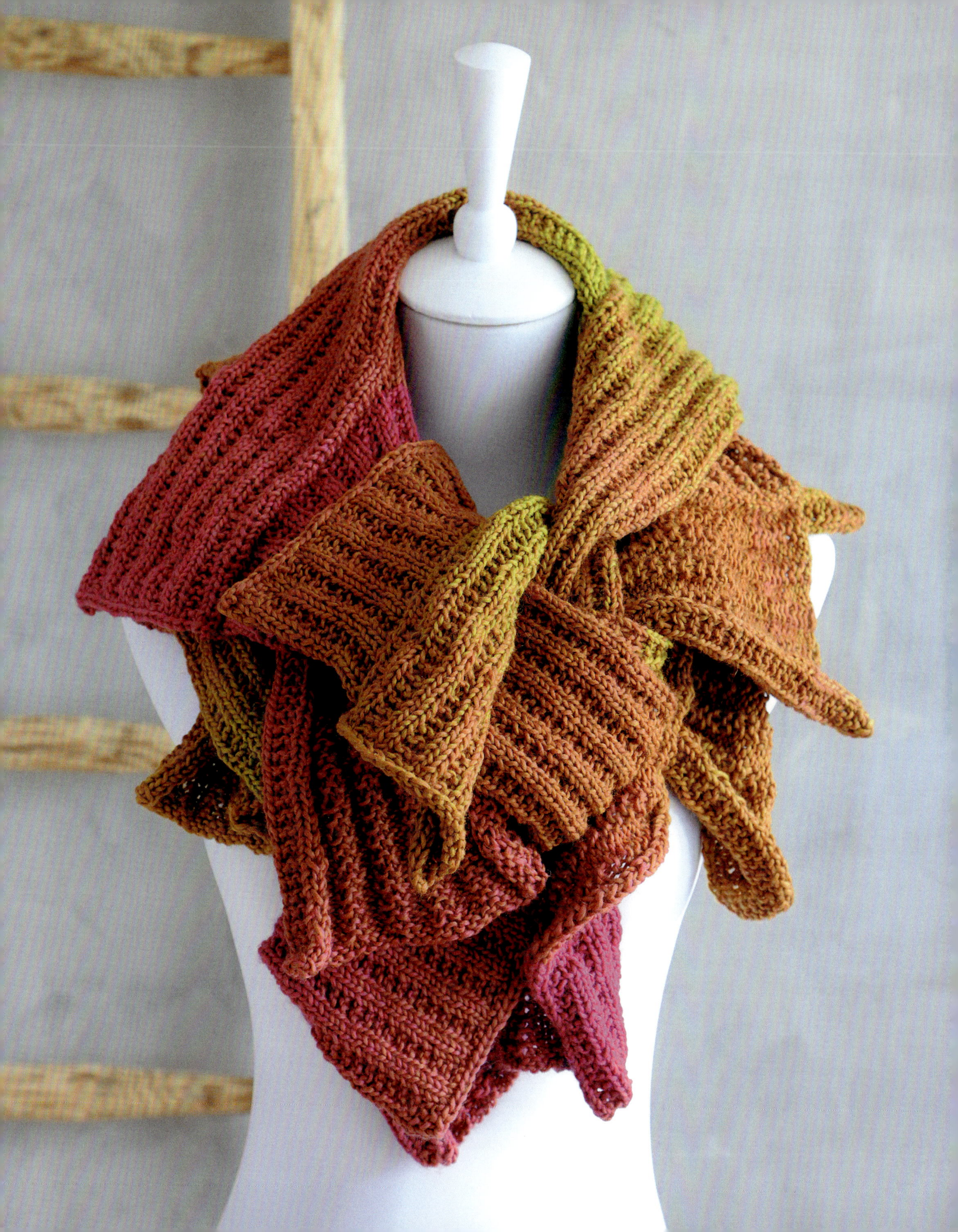

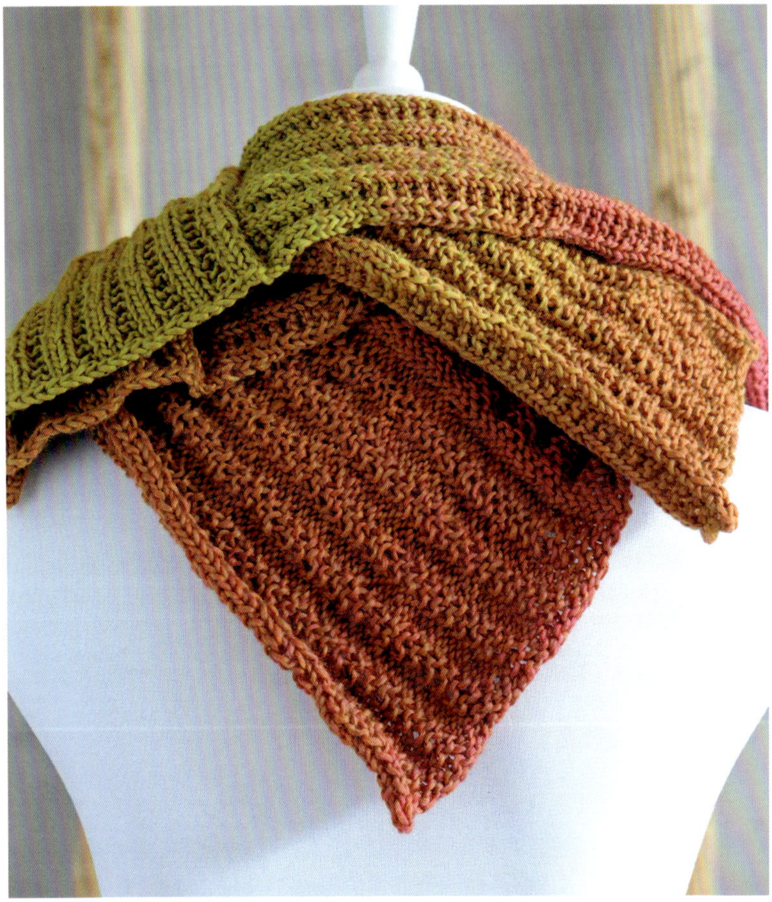

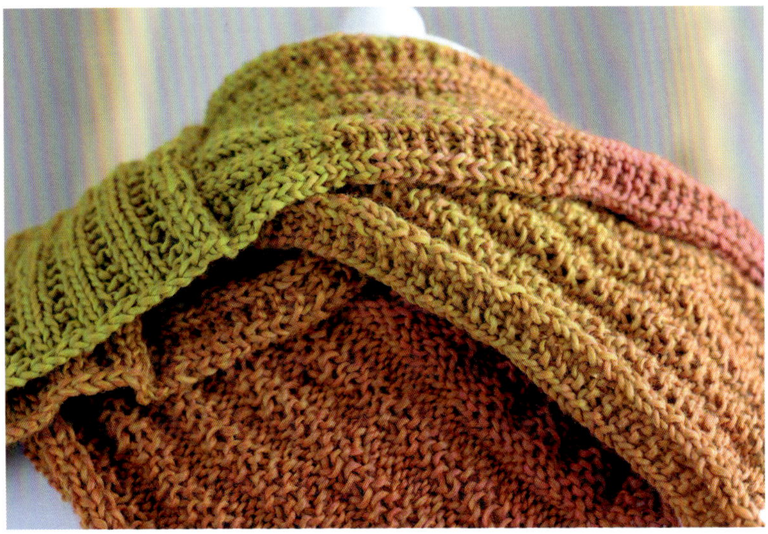

Strickanleitung

Beschreibung

1. 56 Maschen anschlagen.
2. Block 1 über alle Maschen im Grundmuster stricken (wie in der Strickschrift auf Seite 100, schwarzer Kasten).
3. Ab Reihe 29 über die halbe Maschenanzahl stricken. Die anderen 28 Maschen bleiben ungestrickt auf der Nadel liegen.
4. Nach Reihe 82 alle Maschen rechts abketten. Die letze Masche auf der Nadel lassen.
5. An der Innenseite die äußerste Schlaufe der linken Maschen von Reihe 30-82 27 M aufnehmen. Die eine Masche von der Abnahme dazunehmen. Nun liegen 28 Maschen auf der Nadel. Jetzt ab Reihe 1 vom 2. Block weiterstricken.
6. Block 2 stricken. Ab Reihe 30 über die halbe Maschenanzahl stricken. Die anderen 28 Maschen bleiben ungestrickt auf der Nadel liegen.
7. Wie Block 1 weiter stricken. Am Schluss in einer Rückreihe alle Maschen links abketten.
8. Wie vorher in Schritt 5 auf der Innenseite die Schlaufen aufnehmen
   (= 27 Maschen).
9. Von Reihe 2 des Block 1 weiter stricken.
10. Beide Blöcke so oft wiederholen, bis der Schal die gewünschte Länge hat.
11. Um das Stück fertig zu stellen, in Reihe 29 von Block 1 oder Block 2 alle Maschen abketten. Alle Fäden vernähen.

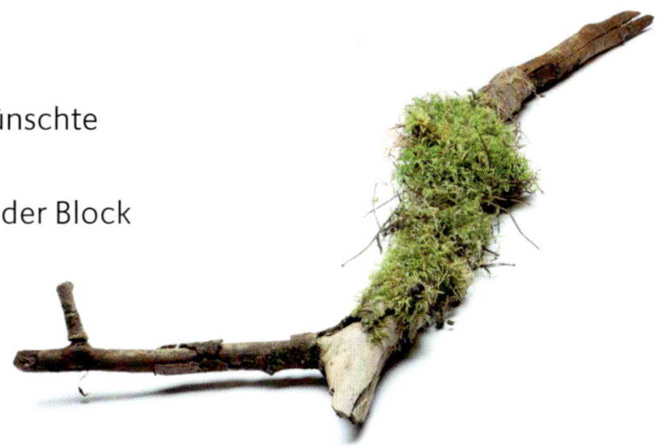

NOTIZEN

Block 1

← → Strickrichtung

| rechte Masche

– linke Masche

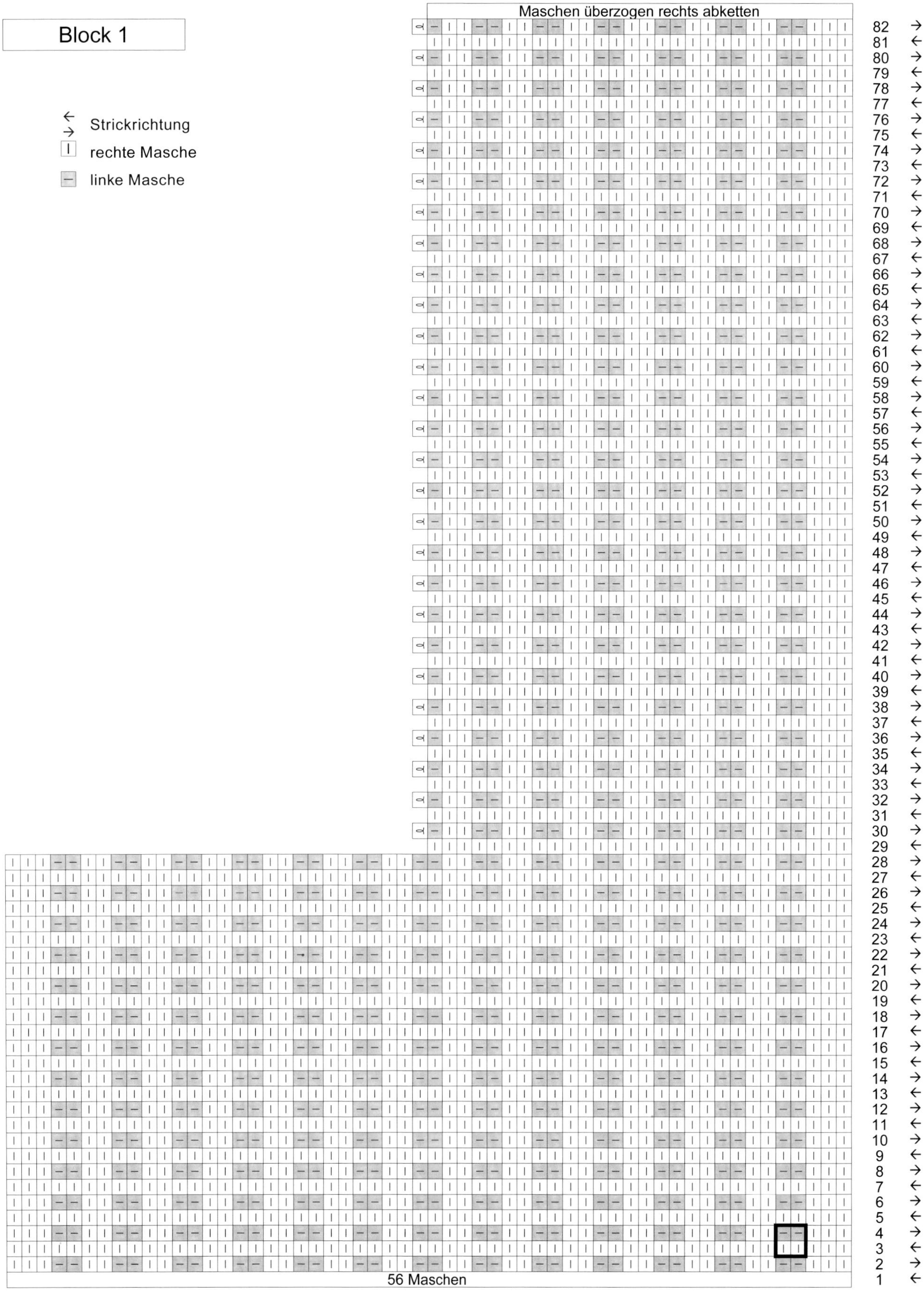

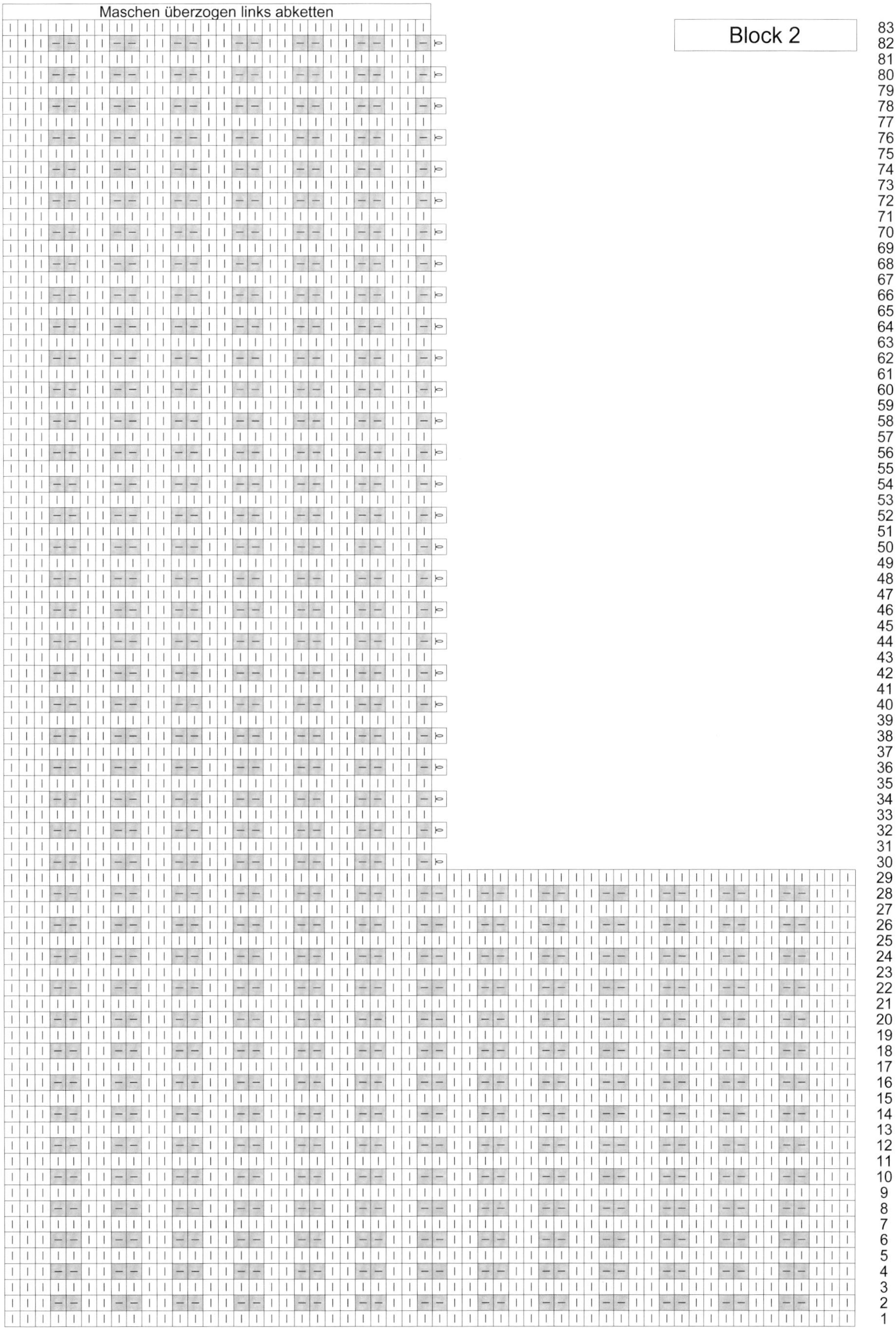
Maschen überzogen links abketten
Block 2
83
82
81
80
79
78
77
76
75
74
73
72
71
70
69
68
67
66
65
64
63
62
61
60
59
58
57
56
55
54
53
52
51
50
49
48
47
46
45
44
43
42
41
40
39
38
37
36
35
34
33
32
31
30
29
28
27
26
25
24
23
22
21
20
19
18
17
16
15
14
13
12
11
10
9
8
7
6
5
4
3
2
1

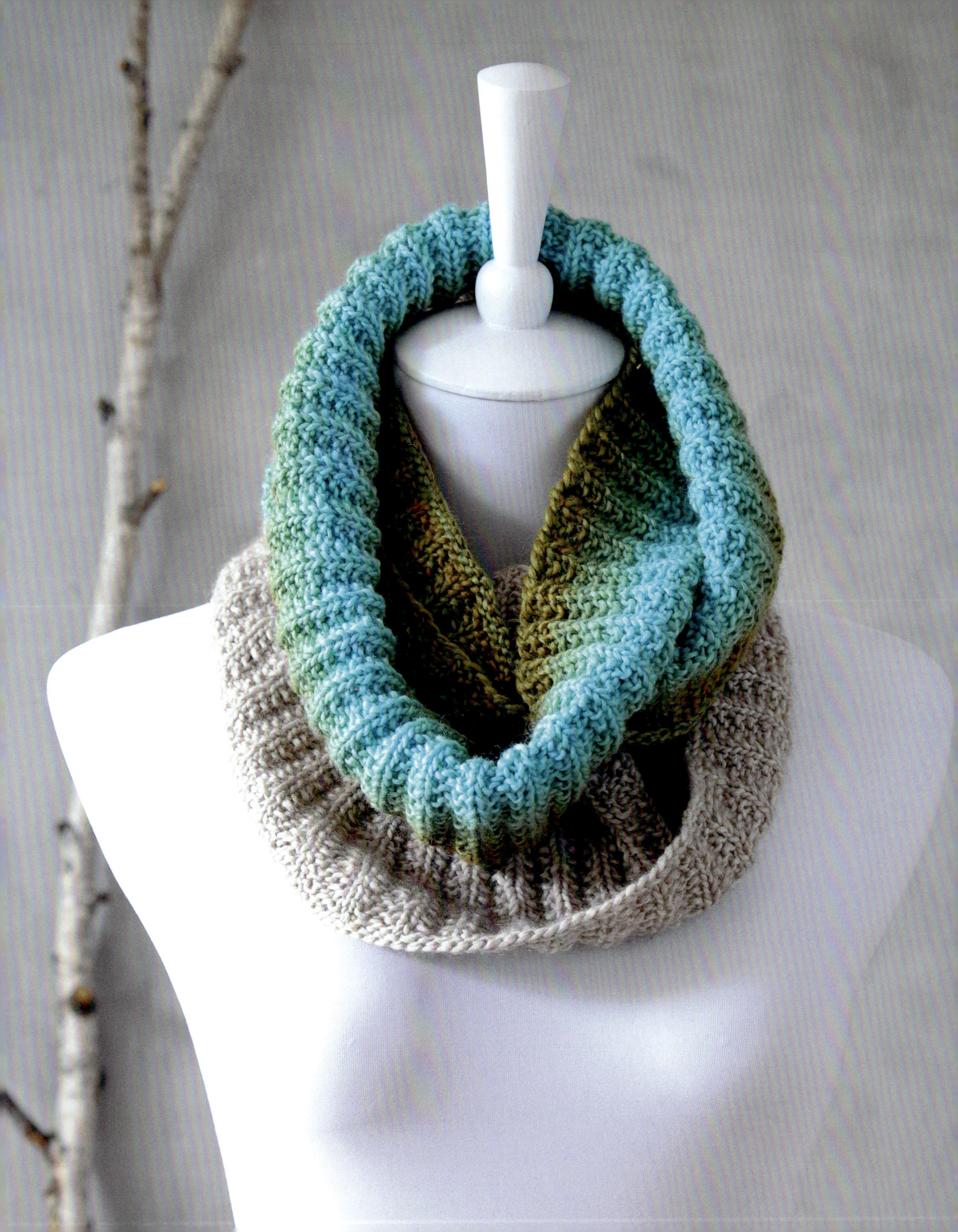

Loop im Loop

Ineinandergestrickte Loops

Der Loop im Loop ist ein weiteres meiner Lieblingsstücke, deshalb habe ich ihn schon sehr oft gestrickt. Er sieht getragen toll aus und je nach Garn- und Farbwahl ergeben sich schöne Muster. Der Loop im Loop ist ein gutes Anfängerprojekt, für Fortgeschrittene ist er toll für zwischendurch. Wegen seiner besonderen Optik ist er auch ein schönes Geschenk für liebe Menschen.

GARN KINDER
Schoppel Life Style,
Farbe A: Giftzwerg (1 x)
Farbe B: Schilf (1 x)

GARN ERWACHSENER
Schoppel Gradient,
Farbe A: Pustekuchen (1x)
Farbe B: Beige meliert (2x)

GRÖSSE KINDER
Umfang 100 cm, Breite 7 cm

GRÖSSE ERWACHSENER
Umfang 125 cm, Breite 11 cm

NADEL
(3,5) 4 mm, 80cm lang

MASCHENANSCHLAG
(240) 260 Maschen

ABKETTEN
Überzogen

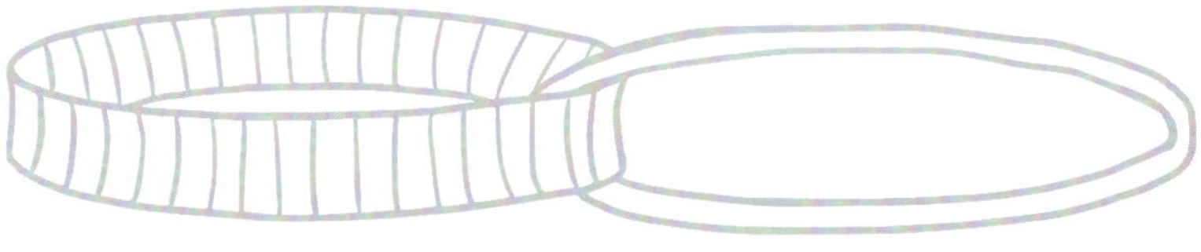

Strickanleitung

Für den Loop im Loop wird erst der erste Loop fertig gestrickt. Die Maschen für den zweiten Loop werden dann aufgenommen und so zur Runde geschlossen, dass ein Ring um den ersten Loop herum entsteht. Die Maschenanzahl in Klammern gilt für den ersten Loop.

Beschreibung

1. (240) 260 Maschen anschlagen. Zur Runde schließen. Maschenmarkierer einsetzen.
2. Im Grundmuster einen Loop stricken (Seite 107, roter Kasten).
3. Wenn der Loop 11 cm breit ist, alle Maschen locker überzogen abketten. Fäden vernähen.
4. Die Maschen für den zweiten Loop anschlagen und durch den ersten ziehen.
5. Im Grundmuster mit einem Knäuel den zweiten Loop stricken (Seite 107, roter Kasten).
6. Wenn der Loop 11 cm breit ist, alle Maschen locker überzogen abketten. Fäden vernähen.

NOTIZEN

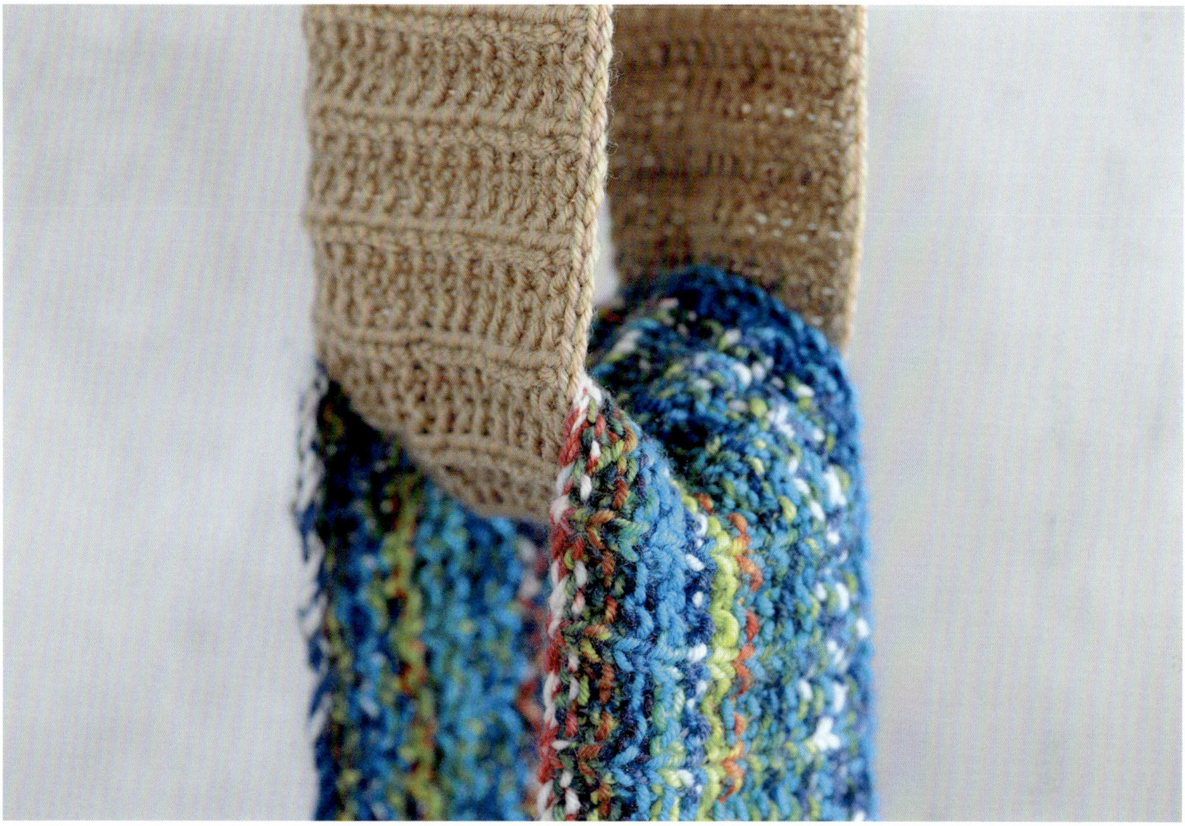

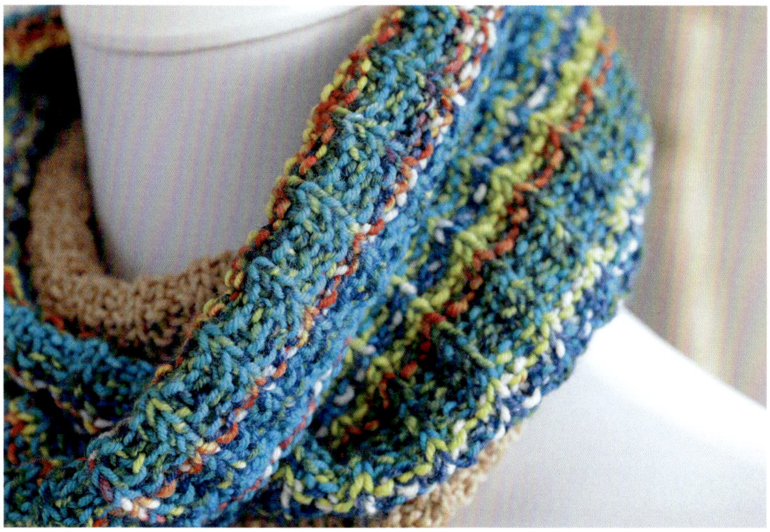

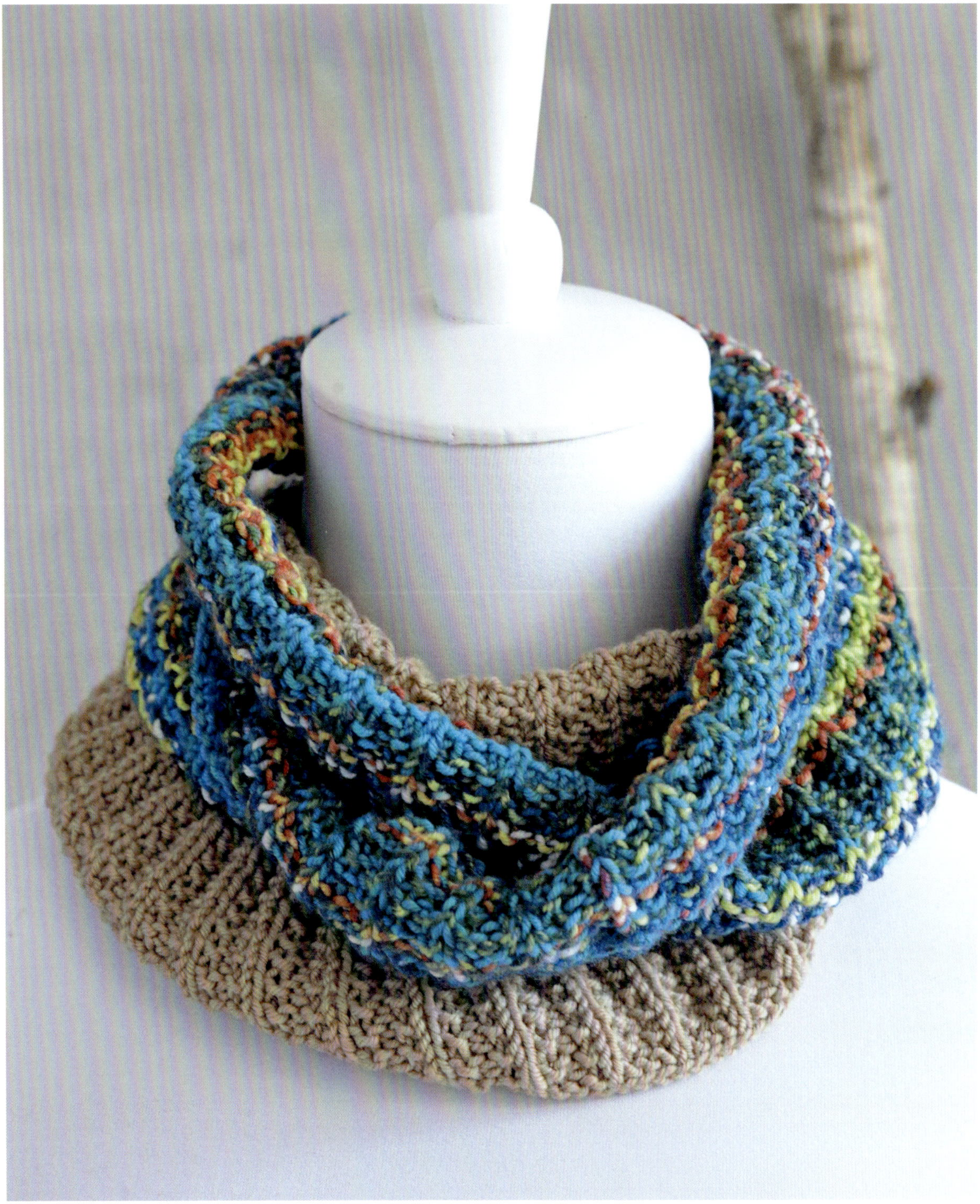

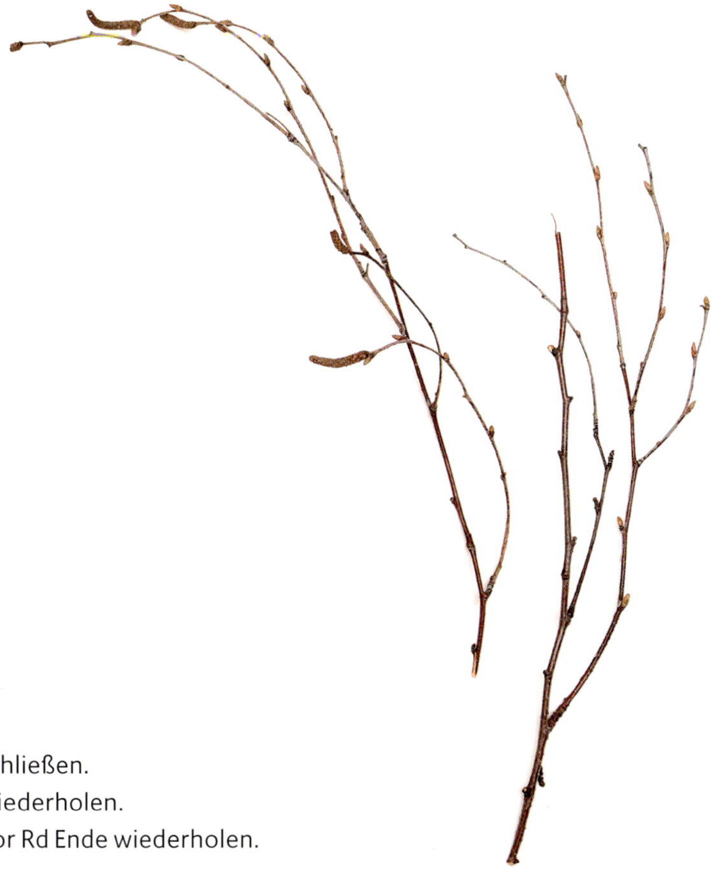

Strickmuster

Runde

A 240 (260) M anschlagen. Zur Runde schließen.

1 *3M re, 1M li*. Von * - * bis Rd Ende wiederholen.

2 1M li, *1M re, 3 M li*. Von *-* bis 3 M vor Rd Ende wiederholen.
1M re, 2M li.

Runden 1-2 wiederholen bis der Loop 11 cm breit ist. Alle M abketten.

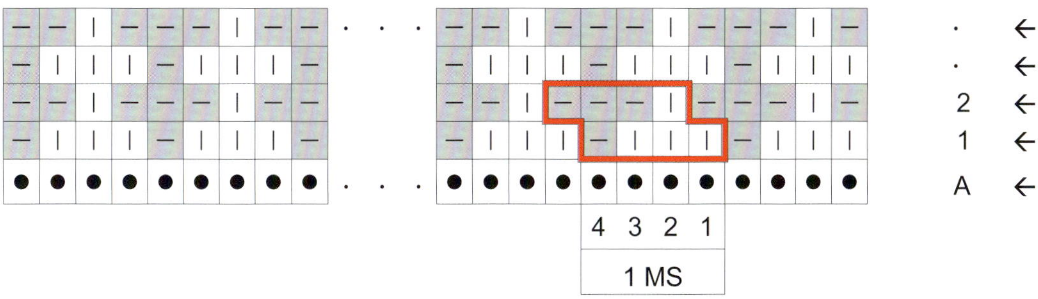

● Maschenanschlag ← Strickrichtung

| rechte Masche

– linke Masche

Hin und zurück

In Reihen gestrickter Poncho

GARN
Kremke Soul Wool Babyalpaka

FARBE
Salmon Melange

ANZAHL KNÄUEL
10

GRÖSSE
142 cm x 55 cm

NADEL
4 mm, 60 oder 80cm lang

MASCHENANSCHLAG
118 Maschen

ABKETTEN
Überzogen

Manchmal stricke ich auch gern größere Stücke. Ein normaler Poncho wird häufig mit Zu- und Abnahmen gestrickt. Diesen hier bekommen auch Strickanfänger:innen gut hin. Im Grunde ist es einfach ein langes Tuch, das zum Schluss U-förmig zusammengenäht wird. Das ist natürlich kein Muss, wer möchte, kann das Stück auch als Tuch tragen.

Was mir besonders gut daran gefällt, ist, dass der Poncho von beiden Seiten gut aussieht. Tragen kann man ihn entweder seitlich über den Arm oder lang nach vorne – so hält er zum Beispiel auch auf dem Fahrrad schön warm.

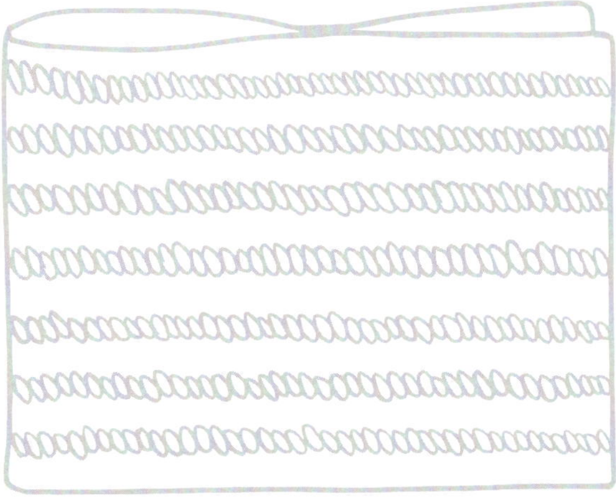

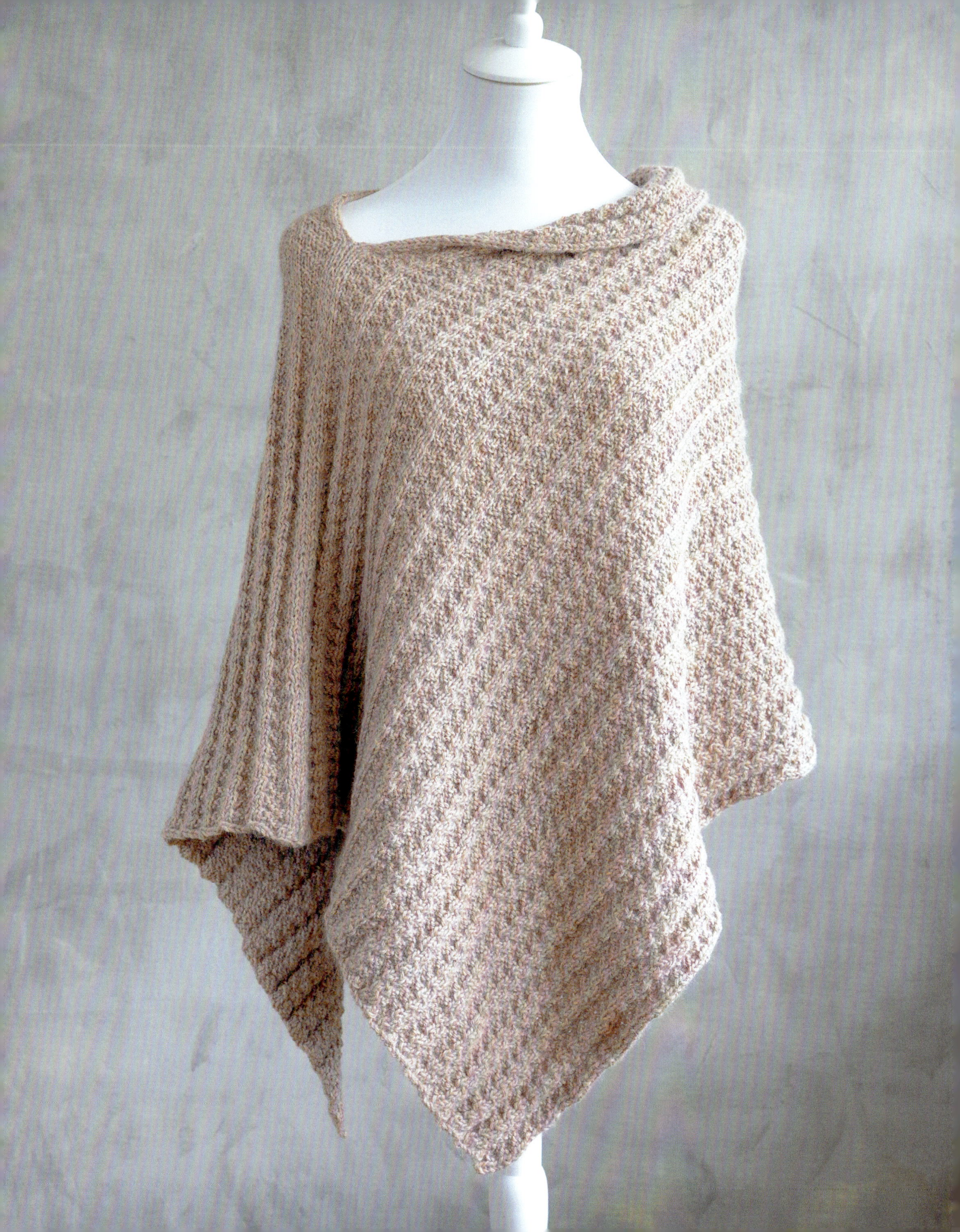

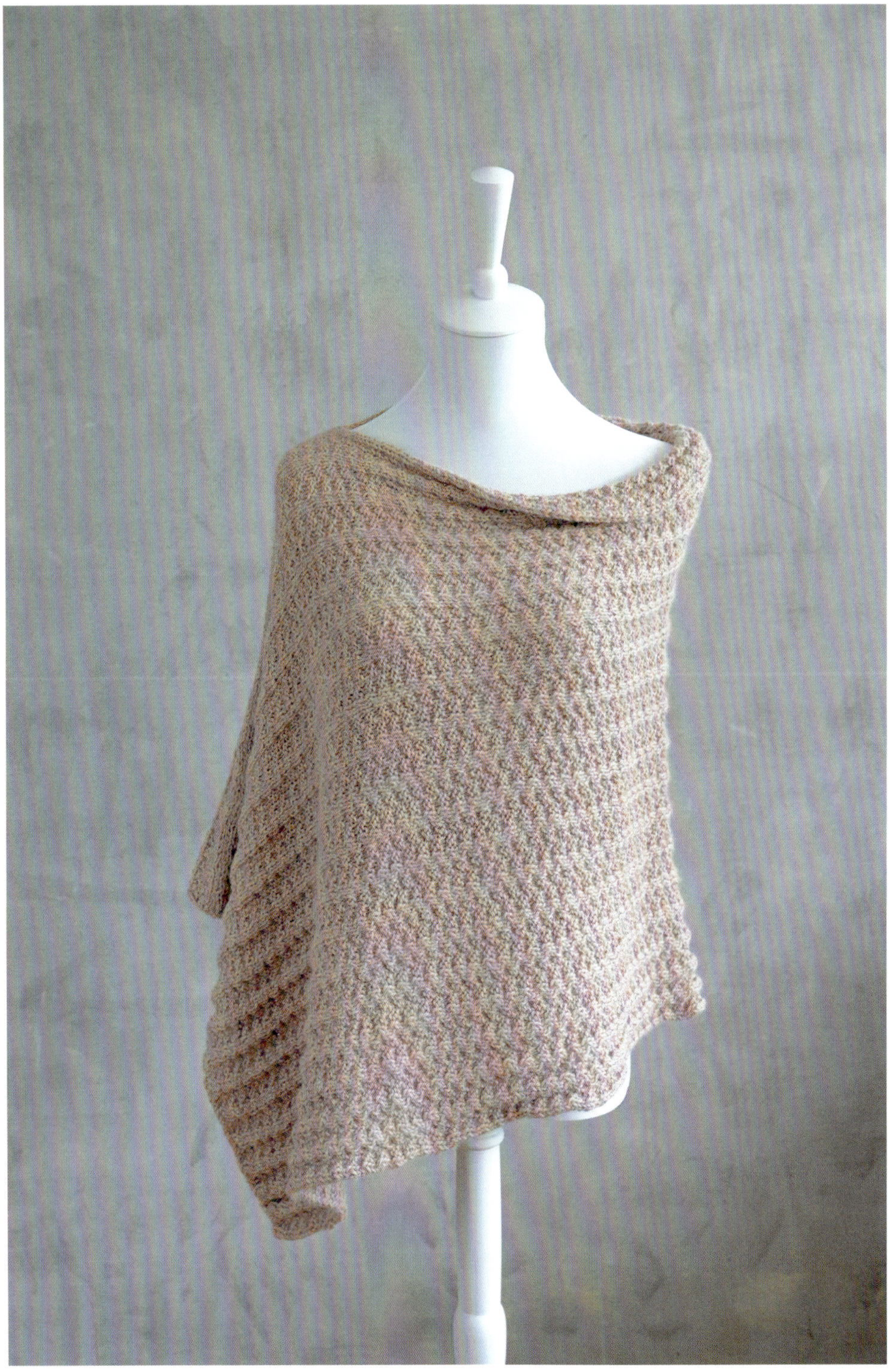

Strickanleitung

Beschreibung

1. 118 Maschen anschlagen.
2. Im Grundmuster ein Rechteck stricken (siehe Seite 113).
3. Nach 434 Reihen alle Maschen locker überzogen abketten. Fäden vernähen.
4. Das Tuch in der Mitte falten, übereinander legen und an der Innenseite bis zur Reihe 125 zusammennähen.

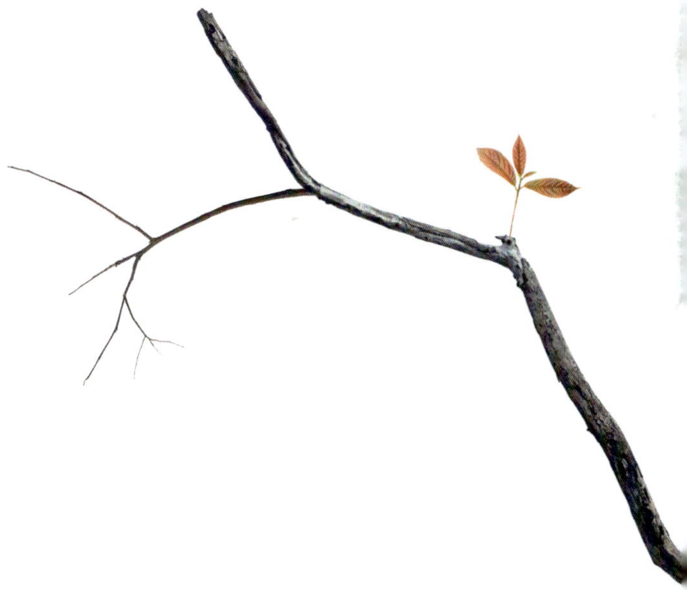

NOTIZEN

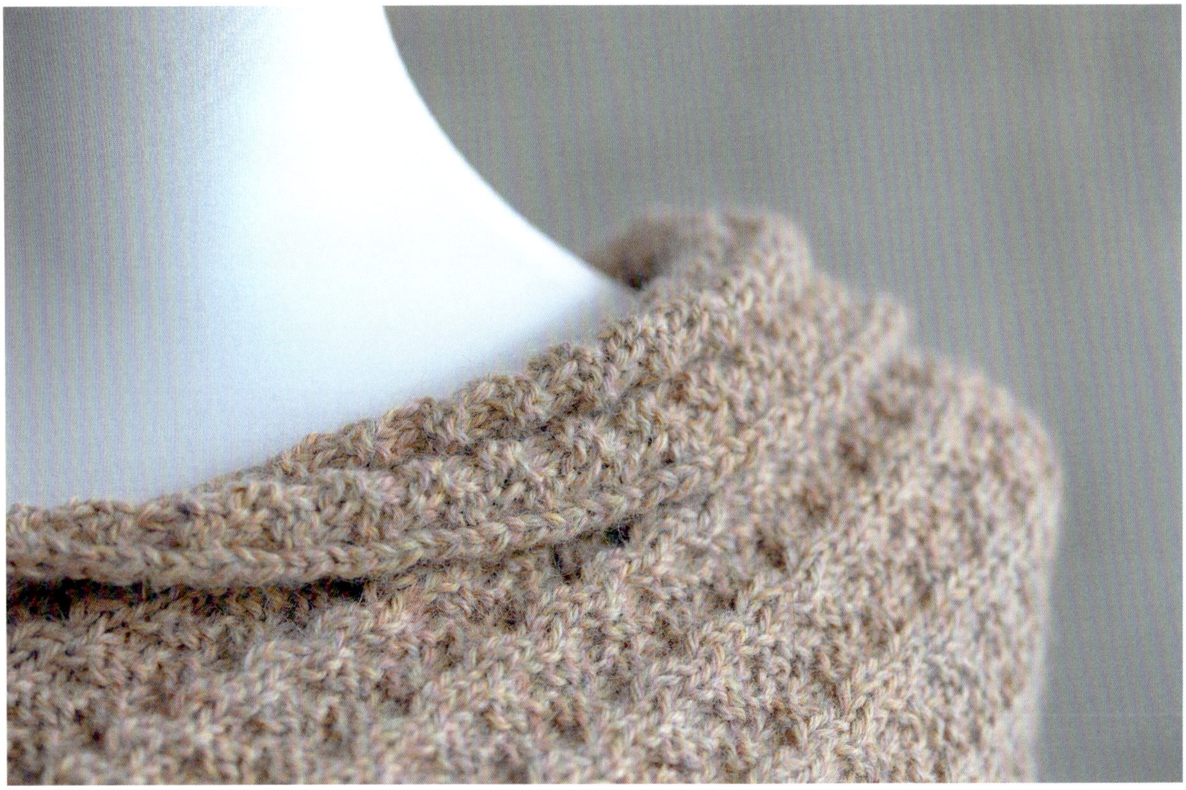

Strickmuster

Reihe

1	118 Maschen anschlagen.
2	5 M li, (2 M re, 4 M li) 18x wdh, 2 M re, 3 M li.
3	3 M re, 2 M li, (4 M re, 2 M li) 18 x wdh, 5 M re.
4	5 M li, (2 M re, 4 M li) 18x, 2 M re, 3 M li.
5	5 M re, (2 M li, 4 M re) 18x wdh, 2 M li, 3 M re.
6	3 M li, 2 M re, (4 M li, 2 M re) 18x wdh, 5 M li.

Rh 3 bis 6 wiederholen bis 434 Rh gestrickt wurden.

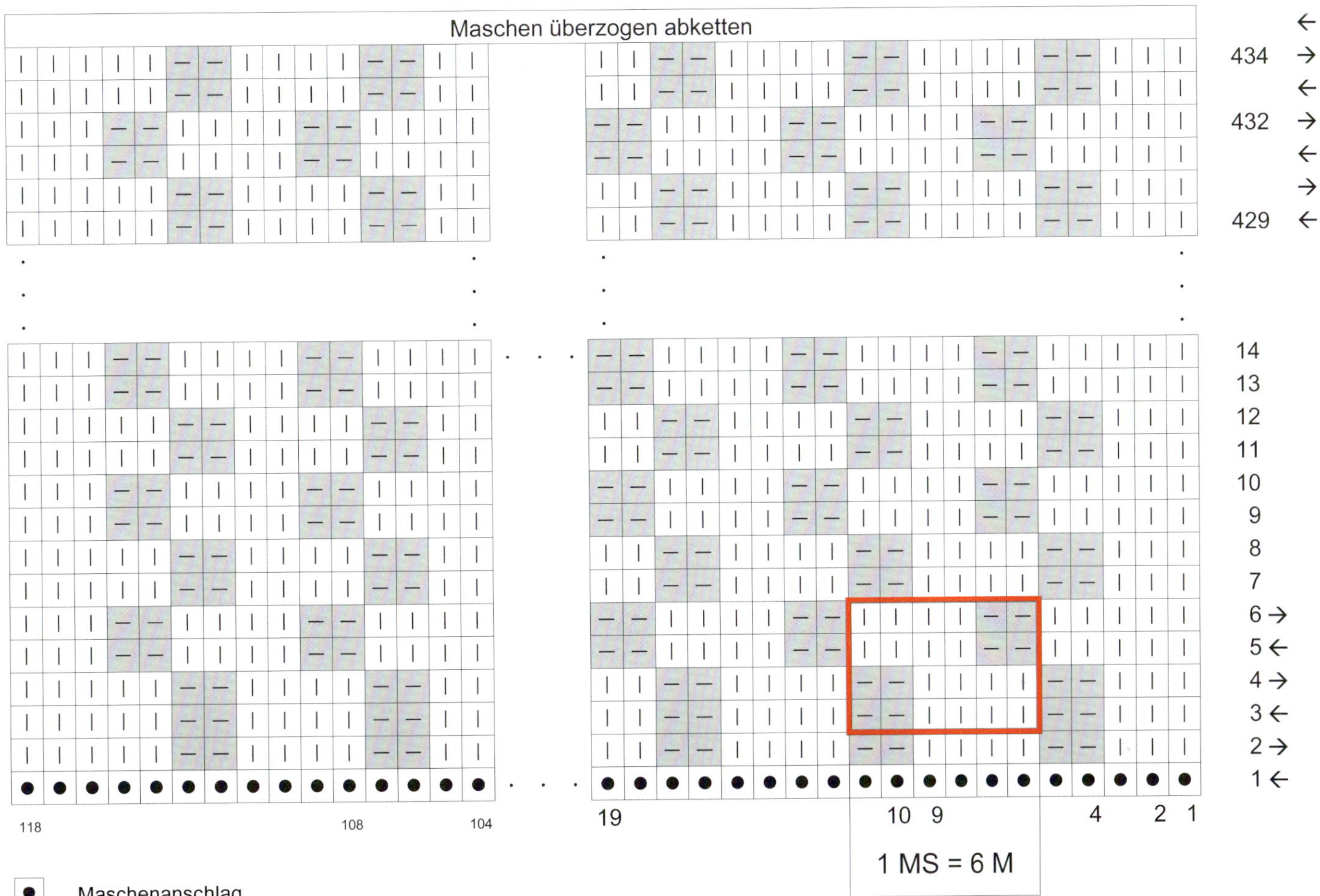

● Maschenanschlag

| rechte Masche (HR), linke Masche (RR)

– linke Masche (RR), rechte Masche (HR)

← → Strickrichtung

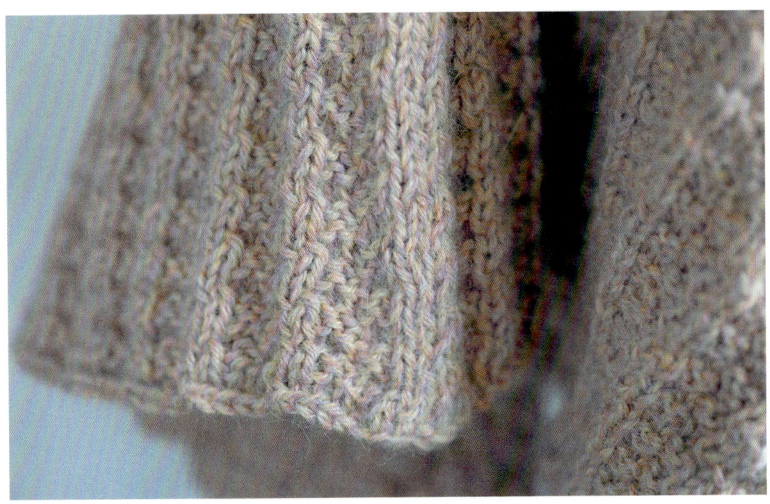

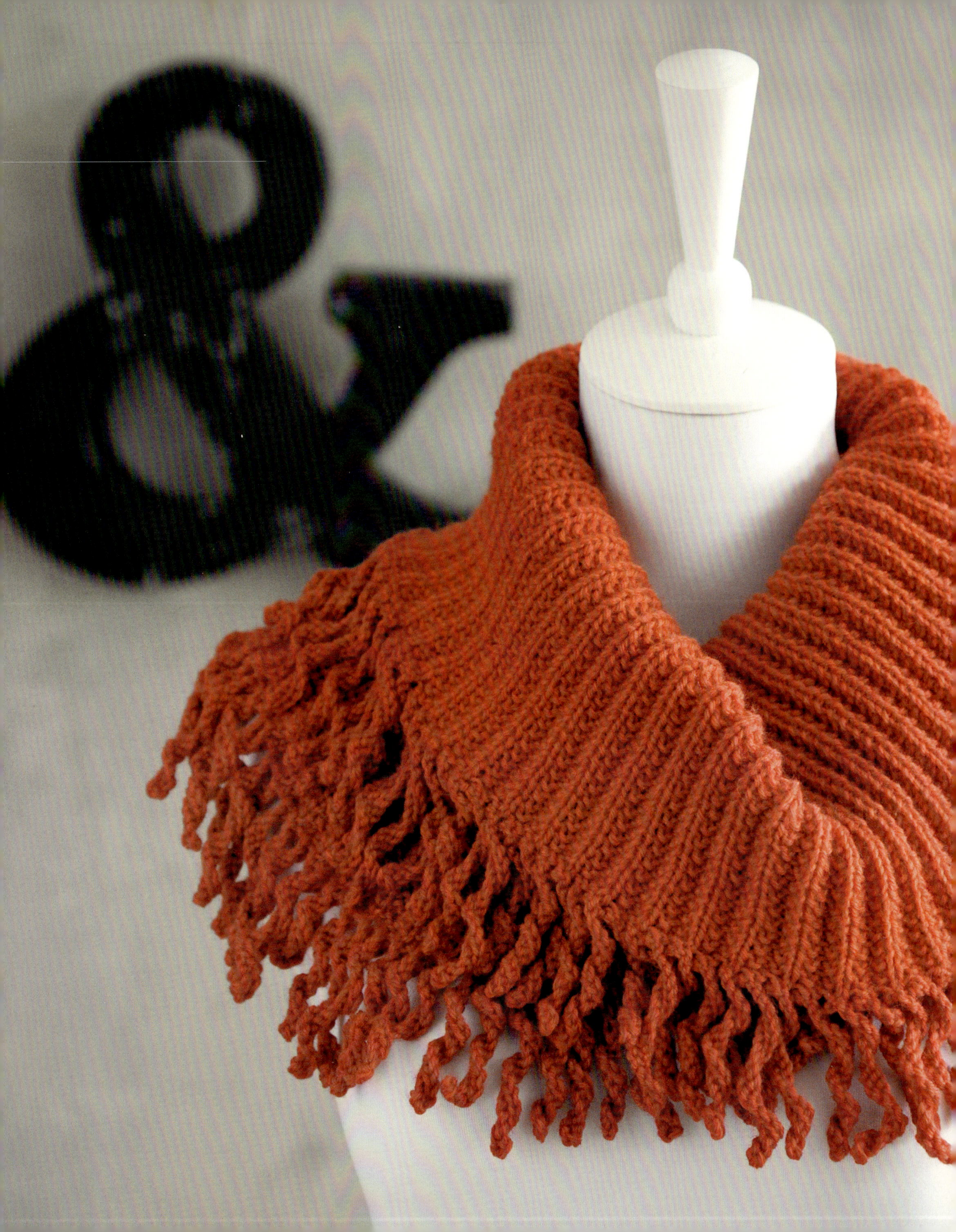

Medusa No. 1

Loop mit Fransen und Rippmuster

Das ist ein echtes Lieblingsstück von mir und deshalb habe ich schon jede Menge in verschiedenen Variationen gestrickt. Die Fransen sind zwar eher Fleißarbeit, aber ich finde, es lohnt sich. Durch die Fransen wird der Loop zu einem echten Hingucker. Er passt zu Blusen als Farbklecks, aber auch unter jeden Wintermantel.

Das Muster habe ich bewusst so gewählt: Es sorgt einerseits für einen tollen 3-D-Effekt, ist aber trotzdem einfach zu stricken.

GARN
Schoppel Zauberball Edition 6

FARBE
Indisch Rosa

ANZAHL KNÄUEL
2

GRÖSSE
Umfang 68 cm, Länge 38 cm

NADEL
Rundstricknadel 3 mm
60 cm lang

MASCHENANSCHLAG
Fransen

ABKETTEN
Fransen

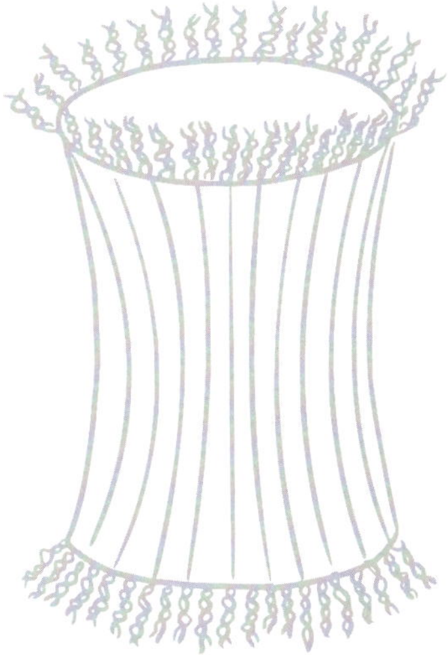

Strickanleitung

Jede Franse ist 20 Maschen lang. Dazu kommen je zwei Maschen für das Strickstück, die auf der Nadel bleiben.

Beschreibung

1. 22 Maschen aufstricken.
2. 20 Maschen elastisch abketten. Es bleiben zwei Maschen auf der Nadel.
3. Jetzt wieder 22 Maschen aufstricken und 20 Maschen elastisch abketten.
4. So fortfahren bis 100 Fransen (200 Maschen) aufgenommen sind.
5. Die Maschen zur Runde schließen und Maschenmarkierer einsetzen.

Am besten jetzt einmal abwiegen, wieviel Garn für die Fransen verwendet wurde. Die selbe Menge wird für die Abnahme benötigt.

6. Im Grundmuster weiter stricken (siehe Seite 117).
   200 Maschen = 50 Mustersätze.
7. Ab einer Höhe von 35 cm mit Fransen die Maschen abketten.
8. Dazu 20 Maschen aufstricken und 22 Maschen elastisch abketten. So weiter stricken, bis alle Maschen des Strickstückes abgekettet sind. Dadurch werden bei jeder Franse auch zwei Maschen des Strickstücks abgekettet. Aus den 200 Maschen entstehen so 100 Fransen.
9. Fäden abschneiden und vernähen.

Elastisch abketten

1. 2 Maschen rechts stricken.
2. Beide Maschen wieder auf die linke Nadel heben.
3. Die beiden Maschen rechts verschränkt zusammenstricken.
4. Die neue Masche von der rechten Nadel zurück auf die linke Nadel heben, und mit der nächsten Masche verschränkt zusammenstricken.
5. Die Punkte 2. - 5. fortlaufend wiederholen.

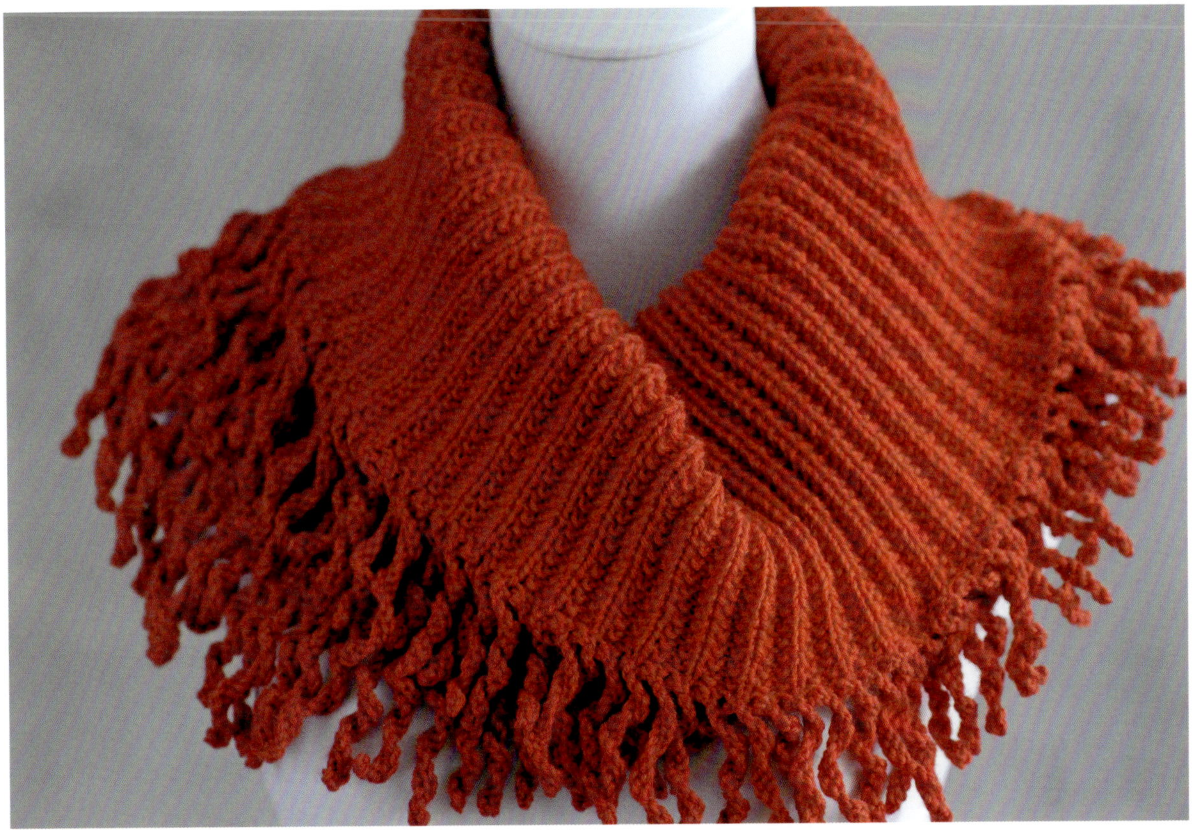

Strickmuster

für das Grundmuster

Runde

1 *3 M re, 1 M li *. Von * - * bis Rd Ende wiederholen.

2 *1 M li, 1 M re, 2 M li *. Von * - * bis Rd Ende wiederholen.

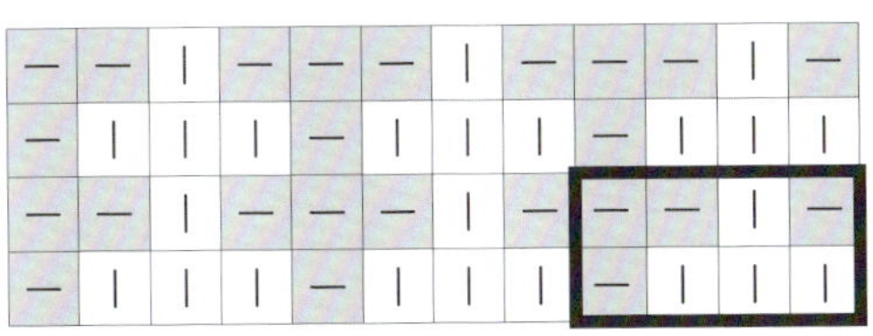

| rechte Masche

– linke Masche

Medusa No. 2

Loop mit Fransen und versetztem Muster

Hier habe ich meine Medusa mit einem anderen Muster ausprobiert. Das Großartige an den Fransen am Maschenanschlag ist ihre extreme Dehnbarkeit. Getragen sieht der Loop dann fast aus wie ein Cape, obwohl er wirklich einfach nur gerade gestrickt ist. Der Name Medusa stammt von einem Bekannten, der das Stück im Internet sah und mir den Vorschlag machte.

GARN
Schoppel Gradient

FARBE
Rushhour,
alternativ Waldmeister

ANZAHL KNÄUEL
3

GRÖSSE
Umfang 72 cm, Länge 52 cm

NADEL
3,5 mm, 60cm lang

MASCHENANSCHLAG
Fransen

ABKETTEN
Fransen

TIPP:

Die Fransen stricke ich nebenbei. Einfach jeden Tag ein paar stricken, dann ist man schneller damit fertig als gedacht.

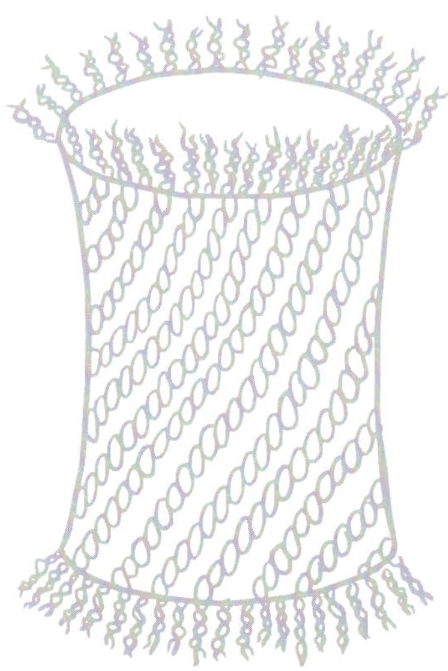

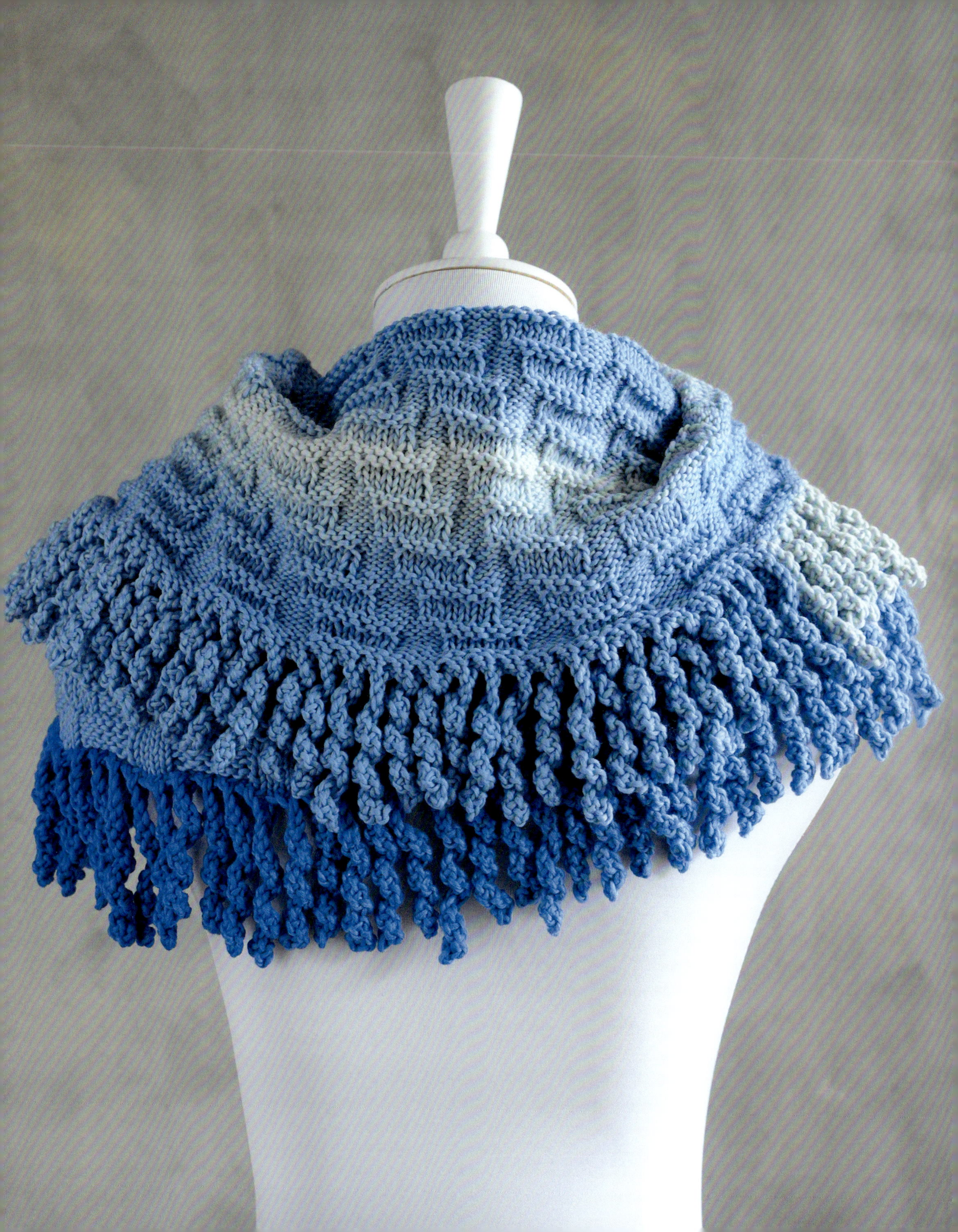

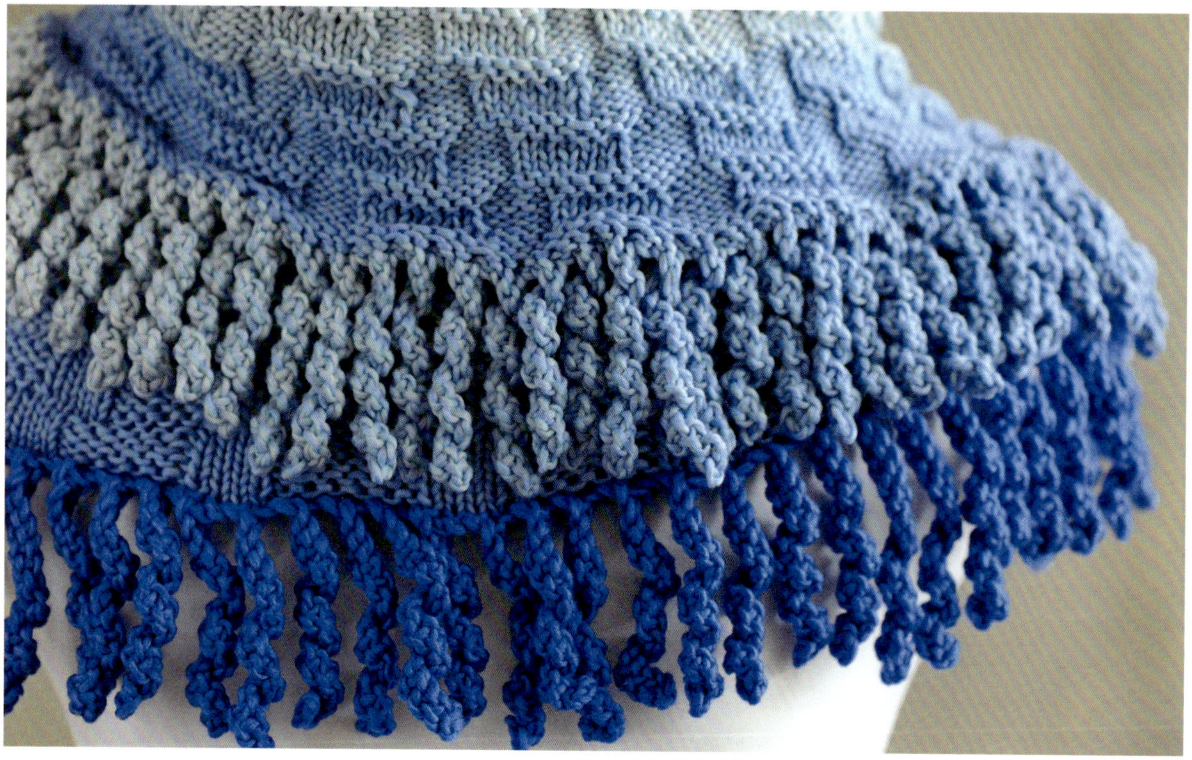

10	9	8	7	6	5	4	3	2	1	Mustersatz
I	I	I	I	I	I	I	I	I	I	6
I	I	I	I	I	I	I	I	I	I	5
–	–	–	–	–	–	I	I	I	I	4
–	–	–	–	–	–	I	I	I	I	3
–	–	–	–	–	–	I	I	I	I	2
–	–	–	–	–	–	I	I	I	I	1
I	I	I	I	I	I	I	I	I	I	
I	I	I	I	I	I	I	I	I	I	

I rechte Masche

– linke Masche

Strickmuster

für einen Mustersatz

Runde

1 *4 M re, 6 M li*. Von * -* bis Rd Ende wiederholen.

2 *4 M re, 6 M li*. Von * -* bis Rd Ende wiederholen.

3 *4 M re, 6 M li*. Von * -* bis Rd Ende wiederholen.

4 *4 M re, 6 M li*. Von * -* bis Rd Ende wiederholen.

5 *10 M re*. Von * -* bis Rd Ende wiederholen.

6 *10 M re*.Von * -* bis Rd Ende wiederholen.

Strickanleitung

Jede Franse ist 20 Maschen lang. Dazu kommen je 2 Maschen für das Strickstück, die auf der Nadel bleiben.

Beschreibung

1. 22 Maschen aufstricken.
2. 20 Maschen elastisch abketten. Es bleiben 2 Maschen auf der Nadel.
3. Jetzt wieder 22 Maschen aufstricken und 20 Maschen elastisch abketten.
4. So fortfahren bis 75 Fransen (150 Maschen) aufgenommen sind.
5. Die Maschen zur Runde schließen und Maschenmarkierer einsetzen.

Am besten jetzt einmal abwiegen, wieviel Garn für die Fransen verwendet wurde. Die selbe Menge wird für die Abnahme benötigt.

6. 2 Runden glatt rechts stricken. Dann im Grundmuster weiter stricken (siehe Seite 120). 150 Maschen = 15 Musterstäze.
7. Die 6 Runden des Mustersatzes noch 21 Mal wiederholen. Dabei jedes mal um 2 Maschen nach rechts versetzen.
8. Ab einer Höhe von 38 cm mit Fransen die Maschen abketten.
9. Dazu 20 Maschen aufstricken und 22 Maschen elastisch abketten. So weiterstricken, bis alle Maschen des Strickstückes abgekettet sind. Fäden abschneiden und vernähen.

So werden bei jeder Franse auch 2 Maschen des Strickstücks abgekettet. Aus den 150 Maschen entstehen dann 75 Fransen.

Elastisch abketten

1. 2 Maschen rechts stricken.
2. Beide Maschen wieder auf die linke Nadel heben.
3. Die beiden Maschen rechts verschränkt zusammenstricken.
4. Die neue Masche von der rechten Nadel zurück auf die linke Nadel heben, und mit der nächsten Masche verschränkt zusammenstricken.
5. Die Schritte 2. - 5. fortlaufend wiederholen.

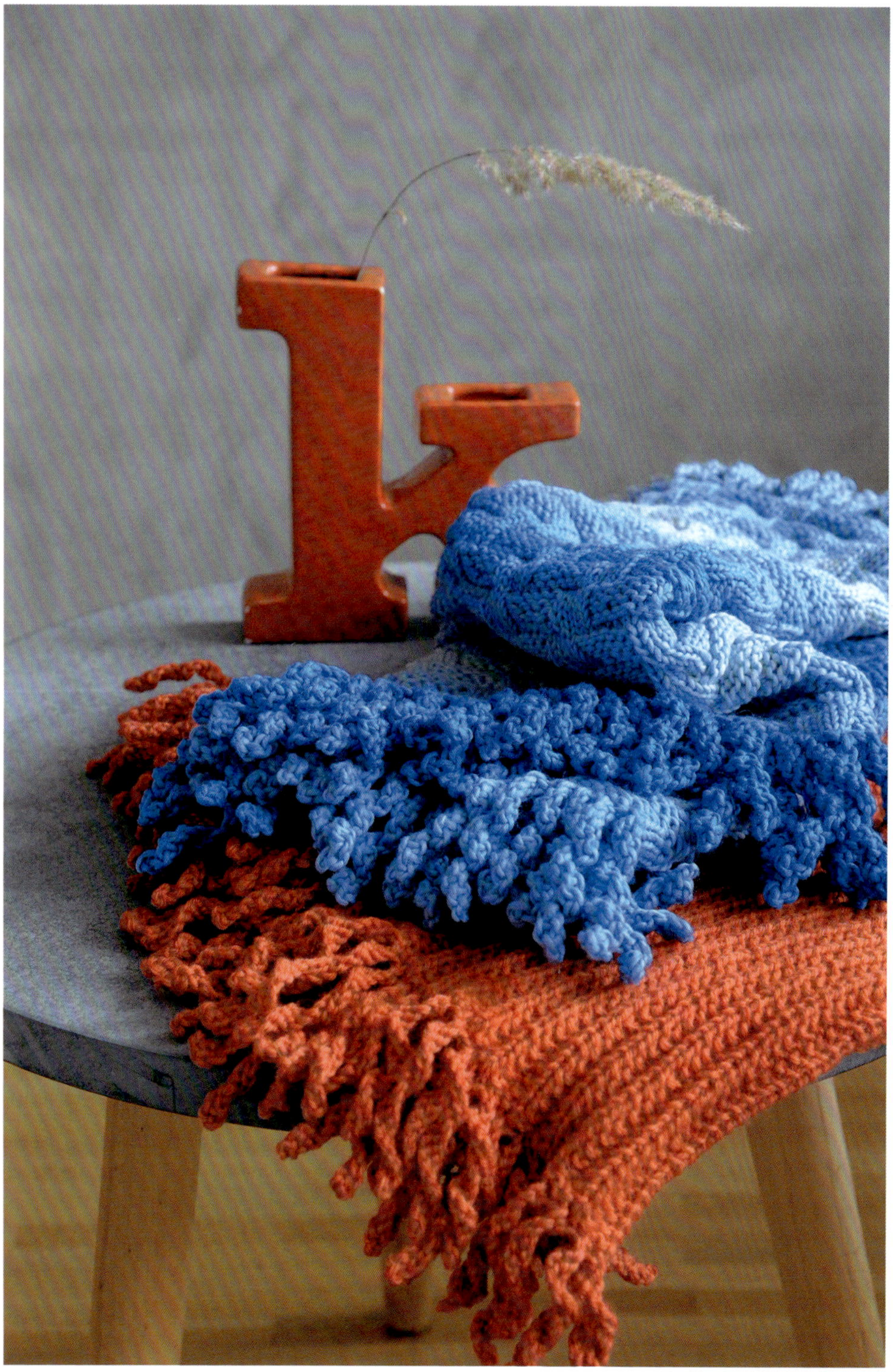

Infos zu den verwendeten Garnen:

Kremke Soul Wool Babyalpaka
100 % Alpaka; Lauflänge: 100 m/50 g

Kremke Soul Wool Bebe Soft Wash
100 % Schurwolle; Lauflänge 140 m/50 g

Schoppel Zauberball Crazy Cotton
100 % Baumwolle; Lauflänge 210 m/100 g

Schoppel Gradient
100 % Schurwolle (Merino medium); Lauflänge 260 m/100 g

Schoppel Life Style
100 % Schurwolle (Merino fine, superwash); Lauflänge 155 m/50 g

Schoppel Zauberball Edition 3
100% Schurwolle (Merino fine, superwash); Lauflänge 150 m/50 g

Schoppel Zauberball Edition 6
100% Schurwolle (Merino fine, superwash); Lauflänge 300 m/ 50 g

Schoppel XL Kleckse
100 % Schurwolle (Merino Fine); Lauflänge 400 m/100 g

Schoppel Zauberperlen
100 % Schurwolle Merino; Lauflänge 400 m/100 g

Schoppel Zauberwolle
100 % Schurwolle (Merino medium); Lauflänge 250 m/100 g

Abkürzungen

M	Masche
Re	rechts
Li	links
HR	Hinreihe
RR	Rückreihe
Rd	Runde
Rh	Reihe
MS	Mustersatz
Wdh	wiederholen

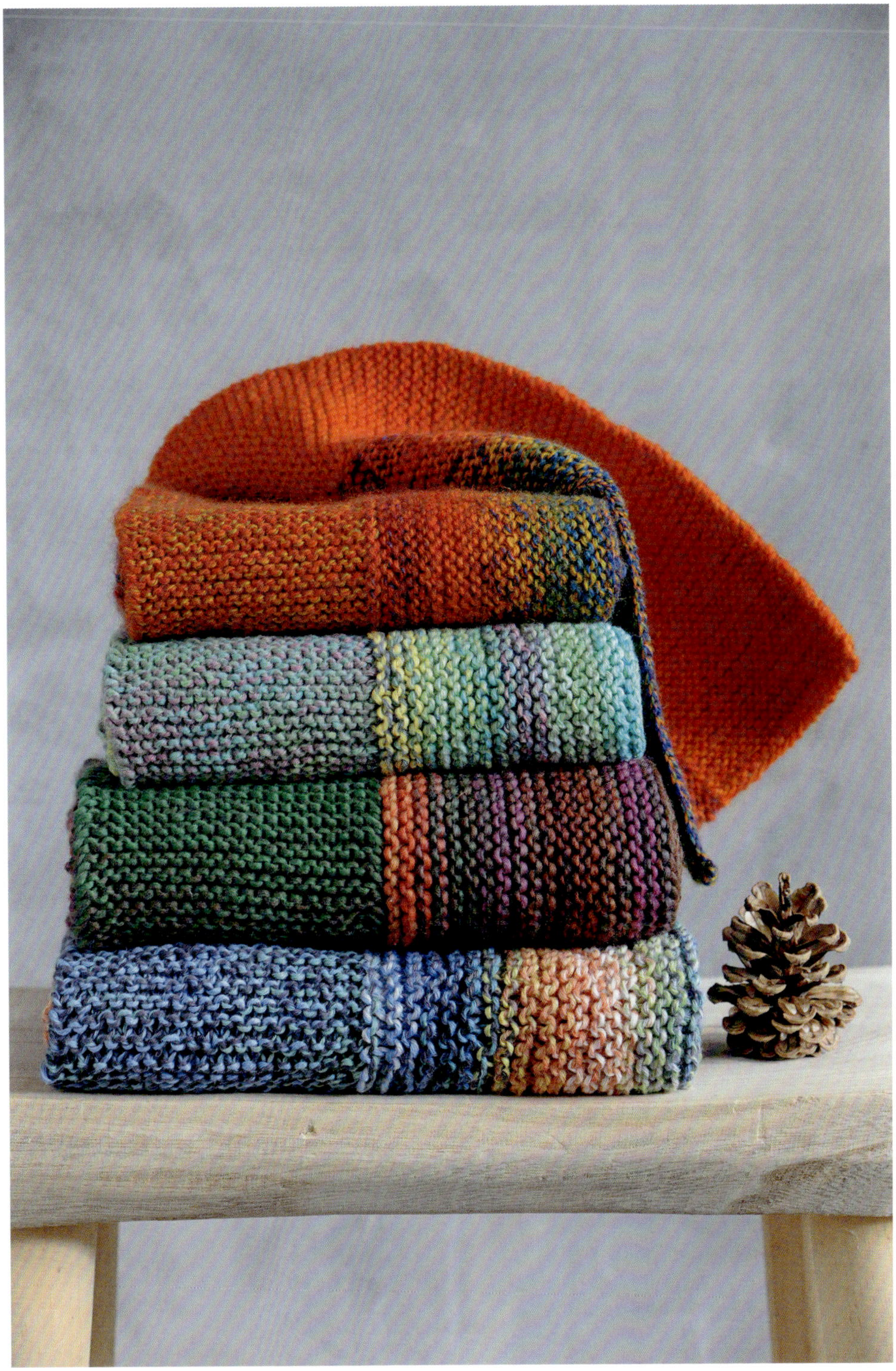

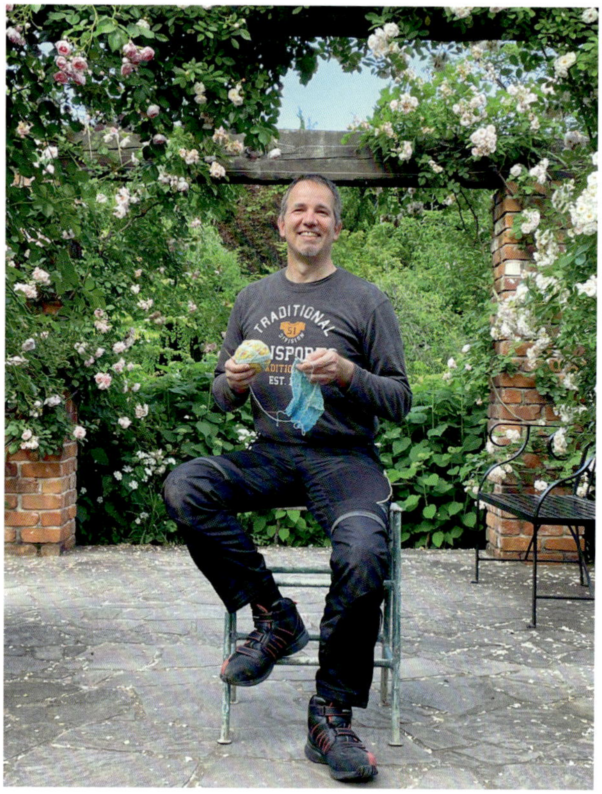

Danksagung

Ich möchte mich bei allen bedanken, die mich bei diesem Buch unterstützt haben.
Ein ganz herzliches Dankeschön geht an all die fleissigen Hände, die mir geholfen haben die Stücke und meine Anleitungen aufs Genaueste zu testen. Ihr seid klasse:
Jutta Barthel, Isa Bichel, Anke Böhm, Melanie Brechbühler, Aimée A. Brough, Gerti Celik, Ursula Maria Deppe-Krieger, Monika Engelmartin, Jutta Erdenbrecht, Lilia Frasch, Maria Gaßner, Gudrun Gödicke, Christa Grießler, Lisa Hansen, Inga Heyen, Michael Hinz, Susanne Hubrich, Susanne Janser, Sieglinde Kirchner, Bärbel Kohl, Barbara Rappersberger, Edith Rausch, Monika Schöne, Ricarda Seifried, Elisabeth Selig, Katharina Sokiran, Tina Strickt, Jeanette Tanzini, Sonja Trautner, Kirstin Turek, Hanna van Gerven, Silvia Vogl, Angela Voigt, Martina Vollgraff, Antje Weiss.
Vielen Dank auch an die Damen meiner Strickkurse hier in Japan, die viele der Modelle für mich gestrickt haben: Midori Ohno, Naomi Hiraoka, Akiko Saito, Miyuki Yanagi, Keiko Goto, Masayo Ishiguchi, Kyoko Uchida, Mari Takakuwa.
Natürlich möchte ich mich auch bei den beiden Garnherstellern, Schoppelwolle und Kremke Soul Wool bedanken, die nicht davor zurückgeschreckt sind, mir ihre Wolle den weiten Weg nach Japan zu schicken.
Und zum Schluss: Einen ganz lieben Dank an den Stiebner Verlag. An Melanie Stiebner, die kein Risiko gescheut hat, mit einem strickenden Motorradfahrer aus Japan ein Buch zu basteln. Und Dankeschön an Stefanie Klapetek. Ohne sie wäre aus dem Chaos von rechten und linken Maschen nie ein so wunderschönes Buch geworden.

Layout und Covergestaltung Tina Agard Grafik & Buchdesign, Esslingen a. N.
Illustrationen im Innenteil Lilli Jokisch
Fotografie Innenteil und Cover Elisabeth Berkau, Unterhaching
Fotografie Autorenfoto Bernd Kestler
Produktmanagement und Lektorat Stefanie Klapetek
Gesamtherstellung Stiebner Verlag, München
Bibliografische Information der Deutschen Nationalbibliothek: Die Deutsche Nationalbibliothek verzeichnet diese Publikation in der Deutschen Nationalbibliografie; detaillierte bibliografische Daten sind im Internet über http://dnb.dnb.de abrufbar.

3., durchgesehene Auflage 2024

Verlagshinweise: Wir produzieren unsere Bücher mit großer Sorgfalt und Genauigkeit. Trotzdem lässt es sich nicht ausschließen, dass uns in Einzelfällen Fehler passieren. Auf unserer Webseite finden Sie bei den Produktinformationen zu diesem Buch eventuelle Hinweise und Korrekturen zu diesem Titel. Möglicherweise sind die Korrekturen in Ihrer Ausgabe bereits ausgeführt, da wir vor jeder neuen Auflage bekannte Fehler korrigieren.

Sollten Sie in diesem Buch einen Fehler finden, so bitten wir um einen Hinweis an verlag@stiebner.com. Für solche Hinweise sind wir sehr dankbar, denn sie helfen uns, unsere Bücher zu verbessern.

ISBN: 978-3-8307-2112-3

Gedruckt bei Neografia, Slowakei
www.stiebner.com